WOGUO ZHENGFU BUZHU
DUI QIYE YINGXIANG DE DONGTAI YANJIU

我国政府补助
对企业影响的动态研究

马　悦◎著

中国财经出版传媒集团

经济科学出版社
Economic Science Press

图书在版编目（CIP）数据

我国政府补助对企业影响的动态研究／马悦著. —
北京：经济科学出版社，2021.9
ISBN 978 - 7 - 5218 - 2949 - 5

Ⅰ.①我… Ⅱ.①马… Ⅲ.①政府补贴—影响—企业
管理—研究—中国 Ⅵ.①F279.23

中国版本图书馆 CIP 数据核字（2021）第 206311 号

责任编辑：李　军　谭志军
责任校对：齐　杰
责任印制：范　艳

我国政府补助对企业影响的动态研究

马　悦　著

经济科学出版社出版、发行　新华书店经销

社址：北京市海淀区阜成路甲 28 号　邮编：100142

总编部电话：010 - 88191217　发行部电话：010 - 88191522

网址：www.esp.com.cn

电子邮箱：esp@esp.com.cn

天猫网店：经济科学出版社旗舰店

网址：http://jjkxcbs.tmall.com

北京季蜂印刷有限公司印装

710 × 1000　16 开　11.25 印张　190000 字

2021 年 11 月第 1 版　2021 年 11 月第 1 次印刷

ISBN 978 - 7 - 5218 - 2949 - 5　定价：52.00 元

（图书出现印装问题，本社负责调换。电话：010 - 88191510）

（版权所有　侵权必究　打击盗版　举报热线：010 - 88191661

QQ：2242791300　营销中心电话：010 - 88191537

电子邮箱：dbts@esp.com.cn）

前　言

　　政府补助作为国家宏观调控的方式之一，越来越受到中央政府重视，财政投入逐年增多，为改善国家基础设施建设与区域建设做出了重大贡献，政府补助在国家经济发展中发挥着重要作用。我国政府为了推动国家经济发展，鼓励企业开展自主创新活动，并给予补助资金，政策方向具有非常明确的发展引领性。

　　本书以此为研究的逻辑出发点，首先，厘清政府补助的相关理论，并对我国近年来补助资金的投入情况进行统计分析；其次，采用实证研究的方法评价补助资金的使用效果，主要包括对企业财务绩效、市场绩效和管理成本的影响；再次，采用成本黏性指标，动态分析政府补助对企业成本影响的作用机理及代理问题在其中的中介作用，并实证研究与此有关的盈余管理问题，从而具体探究提高补助资金使用效率的途径；同时，通过内部投资和外部投资两个维度研究补助资金的使用情况，并结合企业生命周期理论，构造政府补助对企业投资活动的动态模型，研究两者之间的多重变化关系；最后，采用具有代表性的两家上市公司作为案例，针对不同类型的公司特点，分析政府补助在公司业绩中发挥的作用以及政府补助如何更高效地帮助企业成长和发展。本书通过系统地研究政府补助对企业的动态影响，用数据及案例提供了丰富的佐证，研究结果能够对未来优化国家政策、节约国家资源、提高补助资金的使用效率发挥建设性作用。

马　悦

2021 年 6 月

目　录

第1章
政府补助的理论基础

20 世纪初，金融危机爆发，欧美发达国家均受到了不同程度的影响，应时而生的凯恩斯经济政策被各国政府所接受。该政策主要强调国家引导的重要性，试图通过国家干预解决国内经济危机，推动社会生产发展。财政政策及货币政策是凯恩斯主义的重要组成部分，而政府补助作为财政政策的工具之一，在此后逐渐成为欧美国家管理社会与经济的常见方式之一。政府补助经过一个世纪的不断发展，国内外对其定义基本达成一致，即指企业从政府无偿取得货币性资产或非货币性资产，但不包括政府作为企业所有者投入的资本。

政府补助作为宏观经济方式之一，可以推动国民收入再分配，促进经济资源向指定行业进行转移，调整经济社会活动，实现产业结构优化，从而完成政府对社会经济调控的总体目标。无论是在市场经济比较成熟的欧美国家，还是如我国这样逐步发展健全、充满活力的发展中国家，政府补助在引导经济建设、弥补市场失灵等方面发挥着越来越重要的作用。

1.1 相关理论概述

纵观政府补助的发展历程，其对现代市场经济独到的积极作用得益于其深厚的理论基础。国内外学者对政府补助的产生发展进行了大量的理论研究，认为外部性理论、战略性贸易政策理论、技术创新理论、信息不对称理论与政府补助的产生、发展有着千丝万缕的联系。

1.1.1 外部性理论与政府补助

外部性的概念来源于马歇尔在 1890 年发表的《经济学原理》中提出的

"外部经济"概念，迄今已有130多年。马歇尔认为，由于企业内部分工带来的效率提高称作内部经济，而由于企业间的分工带来的效率提高称作外部经济。虽然马歇尔没有提出内部不经济和外部不经济的概念，但却为外部性理论的发展奠定了基础。所谓外部性，也称外在效应或溢出效应，是指一个人或一个企业的活动对其他人或其他企业的外部影响，这种影响并不是在有关各方以价格为基础的交换中发生的，因此，其影响是外在的。更确切地说，外部经济效果是一个经济主体的行为对另一个经济主体的福利所产生的效果，而这种效果很难在货币或市场交易中反映出来。

经济学对政府补助的研究是从庇古1912年出版的《福利经济学》开始的，在书中"政府引导"这一节中，庇古认为，自发建立的购买者协会作为一种方式，不足以克服一般商业形式下出现的产业调整的失灵。因此，尽管政府引导会存在效率低下和腐败问题，但随着政府机构和运行方式的变化，政府能够对产业进行有益的引导。庇古进一步提出社会净边际产品和私人净边际产品的概念，其中，社会净边际产品大于私人净边际产品，就有了社会效益，产生了正的外部经济，反之则是负的外部经济。庇古列举了灯塔、交通、污染等例子来说明经济活动中常见的外部性问题。

但是，外部性的存在导致了市场失灵，无法实现帕累托最优和社会福利的最大化。庇古提出纠正市场失灵的方式主要是补助和税收，"在单纯竞争条件下，利用补助和税赋纠正由投资造成的社会净边际产品和私人净边际产品之间差异的错误，是可能的""对以其不寻常性而被需求的物品加以课税，对以其普遍性而被需求的物品予以补助，可以增加经济福利"①。总之，外部性理论认为通过政府补助可以纠正市场失灵，带来社会福利的最大化。

1.1.2　战略性贸易政策理论与政府补助

亚当·斯密和大卫·李嘉图是古典国际贸易理论的开创者，他们认为，各国由于资源禀赋、技术水平和需求偏好存在差异，生产同样的商品所付出的绝对成本不同，因此各国应选择绝对成本低的商品进行专业化生产，放弃绝对成本高的商品。由于各国具有不同的比较优势，各国可以放弃自身比较劣势的产

---

① 庇古. 福利经济学［M］. 上海：上海财经大学出版社，2009.

品，选择具有比较优势的产品生产，进口具有比较劣势的产品，出口具有比较优势的产品。这样，通过自由贸易会促进各国社会财富的增长。在自由贸易政府框架下，学者们对于政府补助存有质疑，因为无论是生产性补助还是出口性补助，都会导致一国的社会福利下降，而受益者是可以买到便宜的进口商品的外国消费者。自由贸易理论是建立在完全自由竞争的市场经济和规模不变等假设下的，但在现实中，垄断等不完全竞争和规模经济却大量存在，因此 20 世纪 80 年代以来，以加拿大两位经济学家斯宾塞和布兰德（Spencer and Brander，1995）为先导，提出了战略性贸易政策理论，并引发广泛的争论。两位学者定义的战略性贸易政策，是能够影响或改变厂商间战略关系的贸易政策。我国学者夏申（1995）对战略性贸易政策给出了比较全面的定义，"是指一国政府在不完全竞争和规模经济条件下，可以凭借生产补助、出口补助或保护国内市场等政策方式，扶持本国战略性工业的成长，增强其在国际市场上的竞争能力，从而获取规模经济之类的额外收益，并取得他人的市场份额和工业利润，即在不完全竞争环境下，实施这一贸易政策的国家不但无损于其经济福利，反而有可能提高自身的福利水平"。

阿纳尼亚、博曼和卡特（Anania，Bohman and Carter，1991）以美国对小麦进行出口补助的战略性贸易政策为研究对象，发现补助政策没有给美国带来好处和福利的改善。我国有关战略性贸易政策理论的实证研究起步较晚，主要集中在汽车、煤炭等行业的补助效果研究上。研究表明，相关行业的适度出口退税、R&D 专项基金等补助政策确实会起到提高国民福利的作用，但也可能存在低于最优水平的问题。总之，战略性贸易政策理论对政府补助持支持态度，只是如何更好地发挥补助效果仍有待进一步研究。

1.1.3　技术创新理论与政府补助

技术创新理论由约瑟夫·熊彼特（Joseph Schumpeter）首次在《经济发展理论》中提出，他认为技术创新是经济增长的源泉和动力，垄断企业为了技术创新所带来的超额收益，会加强创新投入，提升企业创新能力。但是，熊彼特并没有提出技术创新中政府所起到的作用。罗默（Romer，1990）认为技术的特征有两个：一是非竞争性，如一个厂商或个人使用某技术并不能阻止其他人也使用该技术，技术的复制成本很低，甚至为零；二是部分排他性，技术创新者可以从中获利。通过竞争性均衡分析，罗默认为经济增长的主要原因是知识的外部性引起的规模收益递增；同时，政府可以采用的政策是对知识积累活动进行补助，使新知识的收益增加，促进经济增长。

盖莱克（Guellec，2000）则认为，政府补助的效果由于使用的政策工具不同而不一致，主要有三种政策工具：第一种是公共研究，由公共实验室或大学执行，由政府提供资金，主要目标是满足公共需求和提供基础科学知识；第二种是政府提供补助资金支持企业进行研发，目标是支持特定的技术项目，这些项目具有较高的社会收益或有助于政府自身目标的实现；第三种是间接方式，如税收优惠，这些措施允许研发费用税前抵扣，允许加速折旧。政策工具的第一种可归为间接支持，第二种和第三种可归为直接支持。间接支持方式的效应有"溢出效应"和"挤出效应"；直接支持方式的效应有"激励效应""替代效应"和"挤出效应"。

达斯普勒蒙和杰奎明（D'Aspremont and Jacquemin，1988）通过合作研发和非合作研发模式，发现合作性研发比非合作性研发有更多的利润，存在技术溢出效应，类似政府补助等公共政策有助于达到合作性研发。冈萨雷斯和帕佐（Gonzálezt and Pazó C，2008）发现，如果没有政府研发补助的支持，小型的、低技术领域的企业不会有研发性活动。扎尼茨基和图尔（Czarnitzki and Toole，2007）认为，政府研发补助可以减少由于市场不完善带来的知识和资本限制造成的市场失灵，通过对德国制造企业的分析，发现政府研发补助通过降低研发的不确定性增加了企业的研发投资。也就是说，政府补助对技术创新具有"溢出效应"。

同时也有相关理论认为政府补助也存在一定的局限性，如"挤出效应"。瓦尔斯滕（Wallsten，2000）以美国"小企业创新研究计划"（SBIR）为研究对象，认为政府补助对企业研发活动没有影响，挤出了企业的研发支出，对企业就业没有影响，原因是补助不允许企业增加其他的研发活动，相反，要求企业继续进行现有的研发活动。林克和斯科特（Link and Scott，2009）同样以美国"小企业创新研究计划"（SBIR）为研究对象，认为政府补助项目的商业化率并不高，主要原因是除非政府补助资金到位，否则企业自有资金不会直接投入项目中。

1.1.4　信息不对称理论与政府补助

古典经济学理论建立的假设前提之一，是参与交易的双方具有完全、对称的信息。但在现实中，这一假设往往是不成立的，交易双方对交易相关信息的掌握往往存在不充分和不对称的情况。信息不对称指信息在相互对应的经济个体之间呈现分布不均匀或不对称的状态，即交易双方的一方对交易事项掌握的信息比另外一方掌握得更多一些。

信息不对称的出现有主观原因和客观原因两方面。主观方面的原因是不同主体由于能力的不同而获得的信息不同，这种能力包括信息的收集能力、信息的加工能力、信息的解读能力和信息的应用能力。客观方面的原因很多，主要有：（1）社会分工与专业化的原因，由于社会分工和专业化程度的提高，每个人只会掌握自己专业领域的信息，这样专业人员和非专业人员之间的信息差别不断加大；（2）信息披露制度的原因，相关信息在披露制度方面存在不足，信息的披露内容和时机存在选择、调节和造假等情况。总之，主客观原因的存在，导致了信息不对称的客观存在。

信息不对称理论可以应用于解决股东和经理人之间的委托代理问题的协调机制设计上。在现代企业中，由于所有者和经营者二权分离，经营者不参与企业的日常经营管理，所以经营者具有信息优势，而由于所有者和经营者的目标函数不一致，经常会出现经营者损害所有者利益的情况，通过经营者持股和股票期权，使经营者也成为股东的一部分，从而一定程度上抑制经营者的自由主义行为。信息不对称理论在效率工资应用的观点主要是，在劳动力市场上，由于企业不了解雇员的信息，雇员也不了解企业的信息，因此会产生较高的监督成本和信息获取成本，通过支付劳动力超过市场平均水平的工资，不仅减少了监督成本，还可以培养员工忠诚度，吸引水平更高的员工。

信息不对称理论也可以应用于最优所得税制的确定。莫里斯（Mirrlees，1971）提到，政府对个人以能力为基础进行征税，但政府通常对个人能力相关的信息并不完全了解，政府并不具有信息优势，因此政府只能根据每个人收入的高低征税，但如果对高收入人群征收高额的所得税，有能力的人就会假装能力很低，从而使自己得到好处，因此政府在面临信息不对称的情况下，需要设计一种激励相容的最优税收体制。

1.2　政府补助的作用

从政府的角度来看,给予企业一定金额的补助,其最终目标是要实现国家政治、经济、社会的全面健康发展;从企业的角度来看,企业积极争取政府补助的最终目的是企业利益的最大化。二者对社会经济发展的作用并不是孤立的,企业实现利益最大化,其健康发展壮大对国家也是一种福音,能够促进国家经济稳健增长,提高人民生活水平,维护社会稳定。政府补助对企业、对社会的影响主要体现在就业、研发与技术进步、行业与产业发展、公共产品等方面。目前,国内外学者对此的研究颇多,且看法不一。

1.2.1　对就业的影响

我国各级政府对就业非常重视,因为这关系到社会稳定,甚至从 2003 年起在《政府预算收支科目》中增设了"就业补助"科目,因此,国内对于政府补助的政策导向研究较多关注政府补助的就业导向。王凤翔和陈柳钦(2006)认为,政府对企业提供补助具有倾向性,其中包括对吸收下岗、失业人员,创造大量对就业有帮助的企业,在有效使用补助资金条件下,补助会促进经济发展,带动企业投资,增加或维持就业机会。臧志彭(2014)以 2011 ~ 2013 年的 161 家文化产业的上市公司为样本,采用面板数据调节效应模型分析,认为政府补助对文化产业的就业具有直接和间接的促进效用,国有文化企业的促进效应低于民营企业。黄翔和黄鹏翔(2017)以 2007 ~ 2015 年 A 股上市公司为研究样本,通过面板数据的回归分析,认为通过扩大就业促进经济增长是政府补助的主要动机之一。

但是,也有研究认为政府补助对就业的影响是负面的,利用政府补助促进就业的目的并不能够实现,政府补助对就业存在挤出效应。汉密尔顿(Hamilton,1983)以 20 世纪 70 年代处于衰退期间的瑞典经济,特别是造船行业为例,发现瑞典政府的产业政策转向维持较高的就业率而放慢了应对世界生产结构的变化,尤其是造船行业,由于国内成本上升和国外竞争加剧而受到严重打击,但同时,造船行业得到超过平均水平的政府补助,甚至比其用工成本还高,所以认为这种补助政策阻碍了盈利行业的扩张,限制了对失业工人的雇用，而补助资金也并没有直接提高雇员的收入，相当一部分补助资金被用于获得补助的游说行为。哈里斯（Harris，1991）以北爱尔兰地区的制造业为样本，采用固定替代弹性生产函数（CES）衡量补助对就业的相对影响，结果显示补助对就业创造存在显著的负面效应。此种现象在西方国家政府补助对就业的作用方面表现较明显。

相关研究表明，政府补助作为一种政策工具，发挥着促进就业的作用，各国政府也正是基于此动机，积极地对企业进行各种形式的补助，并且规模和范围不断扩大。

1.2.2　对研发与技术进步的影响

对于政府补助对企业研发活动和技术进步的影响，目前的研究观点并不一致。国内外的研究认为存在两种效应：溢出效应和挤出效应。

政府补助对技术研发的溢出效应主要体现在补助降低了企业进行技术研发的外部性，引导企业投入更多的自有资本用于技术研发。贾菲（Jaffe，2000）认为，没有政府补助激励私人资本投资于技术研发项目，单靠企业资本投资技术研发项目是没有利润的，企业资本没有动力进行技术研发活动。克劳森（Clausen，2009）以 1999～2001 年的挪威社区创新调查数据为样本，回归分析结果表明，政府补助对企业的研发活动具有正向的促进作用，这种作用体现在增加了企业的研发支出，以及企业完成的研发成果和数量的增加。

我国的相关研究也对政府补助用于促进技术进步的政策导向持支持态度。范方志和张耿庆（2004）认为，技术创新需要大量的投入，企业在没有足够资源的情况下，会选择等待接受外来的技术外溢，不愿意进行自主技术创新，但是当所有企业都选择这种最优等待策略时，技术创新就会停滞，导致技术创新的"囚徒困境"，这时政府就有了引导的必要。刘楠和杜跃平（2005）通过构建政府补助模型的分析方法，认为政府提供最优的事后补助可把项目的外部效应内部化，政府通过补助可以发挥激励效应。姜宁和黄万（2010）通过以高技术上市公司 2003～2008 年数据为样本进行实证分析，发现政府补助对企业技术创新具有激励作用，但具有一定滞后性，并且存在较大的行业差异性，进一步分析认为，技术创新的外部性影响了企业进行技术创新的积极性，政府应采取相应的激励措施。

也有部分学者对政府补助对技术创新的效果存在质疑。这些研究表明，政府补助可能会产生负面影响，随着取得的政府补助增加，企业会减少其自身对研发的投资，即挤出效应。高宏伟（2011）采用博弈论的方法，发现国有大型企业利用其信息优势获得更多的研发补助，但过多的补助降低了国有大型企业研发资金的总投入，并且补助对不同类型的国有企业的挤出效应不同。刘虹等（2012）以 2007~2009 年 A 股上市公司为样本，采用多元回归分析法，发现我国政府补助对企业研发支出的激励效应和挤出效应呈倒 U 形分布，随着补助力度加大，政府补助对企业研发支出的挤出效应不断加大。李万福等（2017）认为，目前对于研发补助的研究存在一定的缺陷，没有区分总体补助与研发补助，从而使研究结论有一定的偏差。其以 2007~2014 年 A 股上市公司为样本，区分了企业获得的研发补助和非研发补助，采用回归分析法进行研究。研究表明，政府的创新补助对企业自主创新的激励效应不显著，并受到企业所处行业、内部控制及外部环境等具体因素的影响。

综合以上文献可以发现，由于企业研发具有外部性效应，通过政府补助支持、促进技术进步是政府抑制市场失灵的重要方式，相关研究已经肯定了这一动机存在的合理性。但是，对于政府补助对企业研发投入的效应也存在溢出效应和挤出效应的争论。

1.2.3 对产业发展的影响

目前，利用政府补助支持本国企业发展，提高本国相关行业的竞争力，已经成为普遍现象。尤其对于我国而言，正处于经济转型时期，市场经济体制是从无到有、在政府主导下建立起来的。市场机制仍有待完善，因此，为抑制市场失灵，对政府补助的运用相比成熟市场经济体也更加重要，比如我国从 2009 年开始确定了七个领域为"战略性新兴行业"，并给予大量的政府补助支持。布兰查德和施莱佛（Blanchard and Shleifer，2001）认为中国比俄罗斯发展较快的原因是，由于政治的集权化，中国政府对新企业进行积极的扶持，而俄罗斯地方政府由于被老企业绑架，没有动力支持新企业。林毅夫和李志赟（2004）认为，在国家的赶超战略下，国有企业承担了较多的政策性责任并产生了亏损，政府为了让这些承担政策性责任的国有企业继续生存，对其进行了大量的事前保护和补助。范方志和张耿庆（2004）认为，对于像中国这样的转型经济国家，由于资本市场发展不足，难以对新兴产业提供足够支持，需要政府进行补助支持，培育国家竞争优势。王凤翔和陈柳钦（2006）认为，我国地方政府对竞争性企业实施补助是一种理性行为，有强烈动机将本地区产业和经济发展方向引导到高利润和快速发展的部门，优先发展某些产业部门，促进落后产业的转型，相比过去的行政方式，补助这种经济方式是一种进步。

我国政府补助实施的行业特征体现了政府的社会管理意图，侧重于产业的振兴和公共产品的提供。吴婷婷（2013）认为，我国政府更倾向于对符合国家产业发展政策的企业给予政府补助。邹彩芬等（2014）通过对 2009～2011 年纺织行业和创业板上市公司数据的对比分析，认为政府对纺织行业的补助是为了在行业发展下降、出口减少背景下对传统行业的扶持，是一种"扶弱"行为，而对创业板公司的政府补助是为了培育新兴行业，鼓励其创新与发展，是一种"补强"行为。毛逸菲（2016）认为，政府补助显著促进了企业进入战略性新型行业，并且这种促进效应在东、中、西三个地区都具有显著的促进作用，对固定资产投资率较低的行业，政府补助也显著促进了企业的进入。王克敏等（2017）认为，我国地方政府为了促进本地区经济的发展，有较大的偏好在国家产业政策的基础上，对本辖区的企业提供大量的资金支持。

可以看出，为了促进相关行业的发展，落实产业政策，政府补助这一政策方式在世界各国运用均比较多，我国目前的相关研究也肯定了政府补助在促进产业发展中发挥的作用。但是，目前的文献对政府补助与行业的研究集中于战略性新兴行业，对其他行业的研究较少，并且政府补助的形式集中于研发补助，对其他形式的补助，如税收、贴息等与行业发展之间的关系研究较少。

1.2.4　对公共产品的影响

公共产品主要包括国防、公安司法、义务教育、公共福利事业、环境保护、弱势群体帮助等，公共产品一般只能由政府提供。但是，由于预算的硬约束和软约束，政府在提供公共产品时会存在供给不足或浪费的问题，若可以利用市场优势提供公共产品，供给会有较高的效率，但公共产品具有非排他性和非竞争性的特征，市场竞争中的企业一般不愿意提供。国外相关研究表明，如果政府给予企业一定的补助或优惠政策，降低其成本，企业也有动力提供公共产品。罗伯茨（Roberts，1987）认为，由于"搭便车"的存在，企业不会自愿提供公共产品,如果给企业一定的补助,这要比税收对其更具有吸引力。

我国目前有关政府补助与公共产品提供的相关研究较少,在个别研究中稍有涉及。唐清泉和罗党论(2007)通过对 2002~2004 年 A 股上市公司的回归分析,发现公共产品的提供与政府补助比例呈显著高度正相关,说明公共产品大多是由政府控制的企业提供的,这类企业也相应获得了较多的政府补助。郑书耀(2009)通过构建效用模型分析,认为政府通过补助和引入竞争提供公共产品,只要设置合理的机制,竞争恰当,就能够实现低成本地使公共目标最大化。李海涵(2015)利用 2008~2013 年的资源型上市公司的数据,采用多元回归的分析方法,发现企业获得的政府补助越多,在环保和污染治理方面的投资就越多,并且这种促进效果在国有企业中表现得尤其突出。

但是,赵书新和欧国立(2009)从信息不对称角度,利用斯坦科尔博格博弈模型进行分析,认为企业在固定补助下没有提供更多的环保产品,固定补助政策在现实中效果欠佳。申香华(2010)以 2003~2006 年的河南省上市公司数据为样本,以税款缴纳、社会捐助、环保投资与支出三者的合计数作为其中一个变量,采取多元回归的方法进行分析,发现政府补助对企业提供公共产品没有显著的影响,政府提供补助的目的并不是为了促使企业提供公共产品。

从上述国外和我国的研究观点可以看出,各国政府有较强的动机通过政府补助促使企业提供公共产品,尤其是实施一些指向性很强的政府补助(如环保补助、教育补助、慈善补助等),但目前国内外有关这方面的研究较少,我国的相关研究对这一动机还存在一定的分歧,对政府补助促进企业公共产品提供的效果有不同观点,这反映出政府补助的实施效果仍需改进,需要加强这方面的研究。

1.3 影响企业获得政府补助的因素

对于企业而言,获得政府补助有诸多益处,不仅可以向外传递企业营运能力良好的信号,维持企业健康发展,也可以鼓励企业转型升级、加大创新投入,给企业带来一系列好处。因此,国家近年来在政府补助上的支出逐年增多,企业要想获得补助也需要具有一定的条件,以下因素影响着企业是否能够获得政府补助。

1.3.1 产权性质

在政府补助的获得能力上，不同所有制的企业具有不同优势。国有企业控制国民经济命脉，对地区经济发展有重要贡献，同时，国有企业承担了较多的社会责任和目标，政府对国有企业能持续发展给予更多的关注；民营企业有利于增加就业，培育新的经济增长点，增加政府财政收入，也会得到政府的扶持。但是，相关研究认为国有企业在获取政府补助上更占优势。步丹璐和郁智（2012）以 2007～2012 年 A 股上市公司为样本，采用统计检验的方法，发现国有企业拿到了大部分政府补助（80%以上），而民营企业仅获得小部分，这说明我国目前的政府补助体系仍以国有企业为主体，并且中央政府控制的国有企业获得的政府补助显著高于地方政府的国有企业。何红渠和刘家祯（2016）以机械、设备及仪表类上市公司 2009～2014 年数据为样本，采用面板数据固定效应模型，认为国有企业比非国有企业更有可能获得政府补助。主要原因是，国有企业在税收、公共产品提供、就业等政府关注的社会目标方面贡献更大，所以政府在分配补助时会更倾向国有企业。步丹璐和狄灵瑜（2017）以 2007～2014 年 A 股上市公司为样本，从产权性质和不同市场环境角度检验股权投资与政府补助的关系，发现国有企业通过股权投资，获得了更多的政府补助，而民营企业并不显著。

但是也有不同的观点，陈晓和李静（2001）发现，随着国有股权的比例加大，企业享受的政府支持并没有随之加大，地方政府对企业补助的选择并未考虑股权性质。可以看出，较早的文献虽然认为企业的产权性质（国有控股和非国有控股）并不会促进企业获得政府补助，但之后的文献发现，国有控股的上市公司要比民营资本控股的上市公司更容易得到政府的补助支持，产权性质是政府补助研究中一个需要考量的重要因素。

1.3.2 财务困境

当企业处于财务困境时，会带来一系列问题，不仅企业的存续和股东利益受到威胁，也会影响就业、税收、地区经济发展等政府目标的实现，促使政府和企业通过政府补助渡过难关。

潘越等（2009）以 2002～2007 年中国 A 股的 ST 公司为样本，采用回归分析法检验了陷于财务困境的上市公司获取的政府补助，发现民营上市公司处于财务困境时，更易于获取政府补助。邵敏和包群（2011）认为，地方政府的补助行为更多表现为保护弱者，尤其是亏损企业，这一点在中西部地区更突出。姚珊珊（2015）以 2002～2009 年 A 股的非金融 ST 公司为样本，利用多元回归分析法分析，认为当企业陷入财务困境后，会获得一定的政府补助帮助其摆脱困境。

但是，对于陷于财务困境的企业更易获得政府补助这一论断，相关学者研究认为不完全正确。申香华（2010）以 2003～2006 年河南省上市公司为样本，采用多元回归分析方法，发现政府补助与营业收入的增长率显著正相关，认为政府补助的发放趋向合理，公司获取政府补助与公司成长性相关，改变了以往政府倾向于对亏损公司进行补助的不合理状况。步丹璐和郁智（2012）的统计分析发现，非 ST 公司获得的政府补助明显高于 ST 公司。邹彩芬等（2014）采用多元回归分析法，以 2009～2011 年纺织行业和创业板为对比样本，分析后认为对纺织业这类传统行业进行政府补助更多是为了"扶弱"，而对创新类高成长企业是"补强"。

总之，发达经济体由于市场体制较完善，当企业处于财务困境时，一般政府不会刻意去进行救助，而发挥优胜劣汰的市场机制进行资源的重新配置。中国由于是转型经济，因此，上述研究表明，政府在对待陷入财务困境的企业往往伸出"扶持之手"，这是获得政府补助的企业的一个重要特征。当然，随着中国市场机制不断完善，政府补助对经济发展的引导性更强，对具有创新能力的企业支持力度逐渐加大。相关研究也表明，在一定条件下，陷入财务困境的企业也不一定会得到政府补助支持，市场机制逐渐在企业优胜劣汰中发挥更主要的作用。

1.3.3　所处行业与地区

由于国家产业政策在不同历史阶段的不同侧重点，政府出于促进经济增长、科技进步和提供公共产品的目的，对相关行业进行了重点支持。同时，各地经济发展状况和财政富裕程度不同，所以，政府补助具有明显的行业和区域特征。

从地区特征上看，区域因素对企业获得的政府补助具有重要影响。步丹璐和郁智（2012）认为，西部地区获得的政府补助低于东部地区，但增速高于东部地区，说明我国补助政策有向西部地区倾斜的趋势。欧阳煌等（2016）以 2005～2012 年的 A 股新上市的 611 家企业为样本，应用 Probit 模型进行分析，认为政府补助能够引导企业的设立选址，并且东部地区各省份的政府补助对企业设立选址的促进效果好于西部地区的省份。

从行业特征上看，不同行业获得的政府补助存在较大的差异。吕久琴（2010）以 2006～2008 年的 A 股上市公司为样本，发现从取得政府补助金额的排序上，机械行业、设备制造行业、仪器仪表行业排序靠前；其次是电子行业、医药行业、生物制品行业、信息行业、其他制造业、石油化学等行业；取得政府补助最少的行业是农林牧渔业、采掘业等。步丹璐和郁智（2012）的研究也得出类似的结果，公共服务和高新技术行业补助总额最多，农林牧渔业收到的补助最低，这表明政府补助具有较强的政策导向性。张洪辉（2014）以 2003～2012 年 A 股上市公司为样本，回归分析发现，政府补助在行业上具有显著的差异性，其中，与农业企业获得的政府补助相比，文化传媒、医药业、信息技术行业、仪器饮料行业的企业获得的政府补助高于农业，采掘行业、房地产行业、建筑行业、水电气行业的企业获得的政府补助低于农业。邱世池（2014）以 2008～2012 年 A 股上市公司为样本，以是否为高科技企业和处于战略性新兴行业为变量，采用多元回归分析方法，发现企业符合高新技术和战略性新兴产业的要求，与其他行业相比，更容易获得政府补助支持。

综合上述文献可以看出，政府补助具有行业和地区的差异，主要原因是我国的政府补助政策类型多样，不同行业和地区实施的补助政策存在较大差异，并且也影响到了政府补助的实施效果。因此，政府补助的行业特征和地区特征在相关研究中成为重要的控制变量。

1.4　我国企业会计准则对政府补助的规范

1.4.1　准则修订历程

政府补助作为一种非经济的调控方式，对市场经济具有多重影响。这一调控措施如果使用不当，不仅会影响国内市场的公平竞争，还会对证券市场秩序、对外贸易等产生影响。因此，加强会计准则建设和强化信息披露规则，成为增强政府补助对市场机制正面影响的重要方式之一。目前，各主要经济体都颁布和实施了相应的《政府补助准则》。英国是最早发布政府补助准则的国家。1974 年 4 月，英国发布了《标准会计实践第四号：政府补助会计》，后于1990 年 7 月发布了修订版。随后，1981 年 9 月，国际会计准则委员会（International Accounting Standards Committee，IASC）在借鉴英国会计准则和其他国家的会计规范和惯例的基础上，于 1983 年 4 月正式发布了政府补助准则，经过数十年来的发展与完善，于 2004 年 3 月，IASC 发布了第 20 号国际会计准则（International Accounting Standard 20，IAS20）《政府补助的会计和政府援助的披露》（Accounting for Government Grants and Disclosure of Government Assistance）。一些没有专门的政府补助准则的国家，一般参照 IAS20 执行。

我国改革开放以来，会计改革随着经济的发展而发展。从 1992 年到 2006年 2 月 15 日新一轮的《企业会计准则》颁布，再到 2014 年会计准则的陆续修订，中国会计改革历经引进、消化和完善，政府补助作为重要的一部分，其相关准则跟随着历史的潮流一步一步变迁。

我国由于经济体制的原因，存在着数量、类型和规模庞大的政府补助，相比其他国家，做好政府补助会计的核算和披露工作更为迫切。从政府补助会计相关政策的变更来看，我国早期的政府补助会计具有定义模糊不清、会计处理方式多变、披露方式不确定等特点，对政府补助的会计处理和披露制度的完善势在必行。

1995 年，我国财政部综合了美国 SFAS116、英国会计准则 SSAP4 和国际会计准则 IAS20 关于"政府补助"的部分，发布出《企业会计准则第 X号——捐赠和政府援助（征求意见稿）》及说明，不过由于各方面的原因造成该项准则没有颁布。

2002 年和 2005 年又分别发布了政府补助会计准则征求意见稿，几经波折，最终正式定稿于 2006 年，确定了《企业会计准则第 16 号——政府补助》（以下简称"旧准则"）。此次准则规范了企业接受政府补助相关业务的确认、计量和报告等会计处理。准则中将政府补助定义为企业从政府取得的货币性或非货币性资产，具体包含财政拨款、财政贴息、税收返还等，并规定了我国采取总额法进行会计处理。政府补助正式进入了我国会计标准的话语体系。

需要指出的是，尽管 2006 年旧准则将政府补助区分为两大类别，由于选取了收益法的会计处理规则，所有政府补助的最终归宿均被记入了"营业外收入"科目。即从实质上看，旧准则对政府补助的会计处理采取了"一刀切"政策。这一做法对某些特殊行业的上市公司所披露的利润表的相关信息就出现了技术层面上难以解释的现象。例如，长安汽车 2012 年年报和敦煌种业 2015 年年报均出现了销售毛利为负数，但利润总额为正数的现象。

经过多年的不断探索和实践积累，财政部于 2017 年发布了政府补助会计准则的修订版。在 2017 年的修订版里，对一些内容进行了重新修订。（1）政府补助的范围。修订准则增加了政府补助特征的表述，以便于区分政府补助、政府资本性投入、政府购买服务。（2）相关会计科目。修订准则允许企业判断政府补助如何计入损益，若政府补助与企业日常经营活动无关，应计入营业外收支，若政府补助与企业日常经营活动相关，应冲减相关成本费用或计入其他收益，并在"营业利润"项目列报。（3）会计处理。修订准则提出政府补助可采用总额法和净额法进行会计处理。若把政府补助全部计入收益则按照总额法核算，若从政府补助中扣除相关成本费用则按照净额法核算。而 2006 年的旧准则对净额法没有做出规定。（4）财政贴息会计处理。修订准则区分直接拨付给受益企业与贴息资金拨付给贷款银行两种情况，既考虑了《基本建设财务规则》的规定和企业的现实需求，同时也遵循国际趋同的原则，企业根据实际情况选择。

1.4.2　准则修订要点

2017 年 5 月，财政部对我国《企业会计准则第 16 号——政府补助》进行了重新修订。新修订的政府补助准则允许企业选择净额法，不仅给了企业更多的选择，会计处理更加灵活，也对会计人员提出了更高要求。新政府补助准则的主要变化体现在以下几个方面：

1. 规范了政府补助的界定

所谓政府补助，是指企业从政府无偿获取的货币性或非货币性资产。由定义可知，一项经济业务能被界定为政府补助应至少满足两个条件：一是这项补助必须来自政府，即有确凿证据证实收入的实际拨款者是相关政府单位；二是政府给企业的这项拨款必须是无偿的，即政府不要求企业向其拿出对等的商品或服务作为交换。根据补助的受益期限长短及是否形成相关资产，政府补助又被分为与资产和与收益相关的政府补助。基于现实中经济业务的复杂性，如家电下乡、新能源补助等，考虑到其主要业务仍然是企业与企业或消费者之间的购销业务，属于企业商品的组成部分，政府补助只是该业务的"推动剂"。因此，修订的政府补助准则对此类含有政府补助行为的销售业务，不再将其视同于政府补助，而视为收入进行会计核算。

2. 引入了"其他损益"会计科目

2006 年发布的旧准则规定，企业收到政府补偿划拨的补助时，根据收益期限和所形成的资产类型，或者直接记入"营业外收入"进行核算，或者先记入"递延收入"科目，再逐年转入"营业外收入"，即政府补助只能作为"非经常性损益"记入利润表中。然而有些企业，尤其是一些涉足于国家战略或国计民生的企业，其收到的政府补助是长期、连续的，而不是偶发的，故将其记入"营业外收入"不满足决策相关性原则。新修订的政府补助准则对具有上述性质的政府补助，允许企业通过"其他损益"科目，记入"经常性损益"类别，以便更能反映其经济实质。在实际业务中，政府补助主要采用财政拨款、税收优惠和财政贴息三种形式。税收优惠主要通过税收返还实行，即税务部门按国家有关规定，对企业纳税采取即征即退、先征后返（退）等办法。按照 2006 年旧准则，税收返还应记入"营业外收入"，但是税收返还款项与企业日常活动密切相关，与企业销售行为之间满足"相关性"原则，发生频率较高，不具有偶发特征，将其确认为"营业外收入"并不符合基本会计理论。2017 年修订的政府补助准则允许企业通过"其他损益"科目，将此类款项记入报表中"经常性损益"类别，以便更能反映其经济实质，也更有利于会计信息使用者的投资决策。

3. 补充了"贴息业务"会计核算

政府通过财政贴息政策对特定区域或行业的企业进行拨款是另一种较为常见的补助形式。它是指政府根据国家政策目标及当前宏观经济形势，对承贷企业所提供的一种税收优惠政策。然而此类政府补助业务过去并没有相关准则规范，实务中均按照《基本建设财务规则》第十四条进行会计处理。2017 年新政府补助准则对此类业务的会计核算进行了补充，并提供实际利率法与简易法供企业进行选择。

4. 允许使用"净额法"核算

一般而言，政府补助准则主要有资本法和收益法两种核算方法，收益法中根据不同类的政府补助业务又可分为总额法及净额法。不同于国际会计准则，我国旧会计准则只允许采用总额法进行核算，这一做法更有利于固定资产的管理，同时也可以有效保证会计信息之间存在可比性。然而，国际上通行的做法是给予企业更多的自主权，企业可以根据自己的实际情况选择合适的会计核算方法。2017 年新修订的政府补助准则，与国际会计准则一样，允许企业根据受益对象选择总额法或净额法。净额法的引入不仅使会计核算更能反映一些特殊业务经济实质，与国际会计准则更加趋同，也可以达到降低产品成本的目的，更利于我国企业"走出去"参与国际竞争。尤其是应对国际贸易摩擦中不平等、不公平的"反倾销"待遇等。

5. 改变了"递延收益"的摊销方式

为体现谨慎性原则，与资产相关的政府补助应被确认为递延收益。但 2006 年旧准则仅允许企业在资产寿命内对递延收益平均摊销。这样做可能导致收益与折旧或摊销的不配比。2017 年新修订的政府补助准则改为：递延收益在资产使用寿命内按合理、系统的方法进行摊销。相较于 2006 年旧准则，核算方法更为灵活。

综上所述，政府补助是为了鼓励企业发展、创造社会财富、促进社会经济可持续发展的重要方式。通过政府补助会计准则的发展历程可以看出，高质量的会计准则不仅需要对相关概念、会计科目、初始确认方法和后续计量方法有明确规定，同时还要考虑企业使用准则时的具体情况，严谨的同时又具有一定的灵活性；同时，还应该配备相应的操作指南和具体案例解释说明。这样，才能保障准则的有效实施，避免企业财务报表中出现技术性误导，使资本市场和其他相关主体能够正确解读政府补助对企业的影响。

第2章

我国政府补助现状分析

从对政府补助相关理论的梳理，可以看出政府补助在国民经济中发挥着重要作用，同时也受到国家政策、经济环境、微观企业行为等多重影响，为了更全面地了解我国政府补助的现状，本章将采用统计分析的方法进一步研究，对我国政府补助进行多角度分析。

国家通过政府补助支持企业发展，惠及面包括上市公司和非上市公司，但考虑到数据资料的可获得性和公允性，本书研究均采用上市公司公开数据，而且上市公司一般规模较大，发展比较成熟，财务制度较规范，对补助资金的取得和使用具有代表性，补助资金的政策引导性也会在其中体现得更加显著。

本章的数据来源为国泰安数据库中沪、深 A 股的所有上市公司的信息。其中，2012～2016 年统计的满足相关条件的上市公司每年各 3779 家；2017～2018 年统计的相关上市公司每年各 3581 家；2019 年统计的相关上市公司为3735 家。

指标选取及测算：

（1）政府补助金额。由于 2017 年有关政府补助的企业会计准则进行了修订，确认科目发生了变化，影响政府补助金额的统计口径，因此本书对政府补助金额的测算分两个阶段：2012～2016 年，以财务报表附注中计入营业外收入的政府补助项目金额为样本数据。这是因为，在政府补助准则修改之前，我国上市公司将获得的政府补助作为当期损益计入"营业外收入"的比例较大，该项目足以反映企业获得政府补助的状况；2017～2019 年，由于采用净额法的公司很少，同时，只有个别公司有"递延收益（流动负债）"项目，可以忽略这些因素对企业整体政府补助现状的影响。基于此，得到模型（2.1）。

当年政府补助金额 = 当年增加的递延收益

　　　　　　 = "递延收益"期末余额 − "递延收益"期初余额 + 当期
　　　　　　　计入其他收益的政府补助 + 当期计入营业外收入的政府
　　　　　　　补助　　　　　　　　　　　　　　　　　　　　（2.1）

　　（2）获得政府补助公司的数量。2012～2016 年，采用当期计入营业外收入的政府补助项目有发生额的公司数量；2017～2019 年，采用计算出的当期政府补助金额大于零的公司数量。

　　（3）政府补助强度。采用政府补助金额与营业收入的比值来衡量。

2.1　上市公司获得政府补助总体现状分析

　　图 2－1 反映了我国上市公司获得政府补助金额的总体情况。2012～2019 年上市公司所获政府补助总额不断增加，总体呈上升趋势。2012 年政府补助总额是 1038.09 亿元，2016 年则为 1684.70 亿元，2016 年的政府补助总额是 2012 年的 1.62 倍。政府补助会计准则修改后，2017 年政府补助金额为 1815.26 亿元，2018 年达到了 2322.94 亿元。2018 年是 2012 年的 2.24 倍，比 2017 年增长了27.97%，仅次于 2015 年较 2014 年的增长率 28.34%，2019 年增长到 2771.43 亿元，较 2018 年增长了 19.31%。8 年间增长速度有快有慢，这说明政府补助总额受到多种因素影响，与国家总体经济形势、政策方针有着紧密的联系。

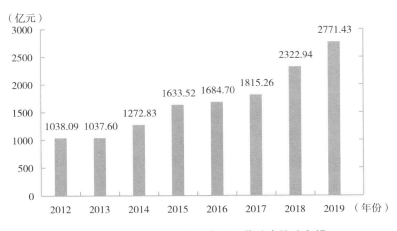

图 2－1　2012～2019 年上市公司获政府补助金额

通过图 2 - 1 数据可以看出，政府补助作为国家宏观调控的方式之一，越来越受到中央政府重视，财政投入逐年增多，为改善国家基础设施建设与区域建设做出了重大贡献，政府补助在国家经济发展中的作用越来越大。企业只有妥善利用政府补助，才能实现企业长久发展，增强国家经济实力。

图 2 - 2 反映了获得政府补助公司的数量占全部上市公司的比重。从图 2 - 2 中可以看出，2012 ~ 2019 年获得政府补助的公司比重总体呈上升趋势。政府补助准则修改之前，在 3779 家上市公司中，获得政府补助的上市公司数量逐年递增，从 2012 年的 2384 家上升到 2016 年的 3059 家，占比从 63% 上升至 80.90%。政府补助准则修改之后，2017 年、2018 年、2019 年获得政府补助的公司数量分别为 2940 家、3233 家、3371 家，占统计的全部上市公司的比重从 82.10% 上升到 90.25%，这表明大多数上市公司都享受到了政府补助，政府补助的覆盖面越来越广。

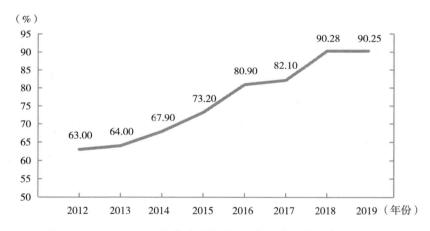

图 2 - 2　2012 ~ 2019 年获政府补助公司数量占全部上市公司比重

越来越多的上市公司获得了政府补助，政府补助对上市公司的经营业绩、创新投入等都产生了重要影响。该数据也提醒监管部门，对于如此普遍存在的政府补助，补助发放后的使用与监管更是重中之重，只有把补助资金投入到国家积极倡导、大力发展的领域，并提高资金的使用效率，才能最大化实现国家政策的良好初衷。

2.2　上市公司获得政府补助的区域分析

图2-3、图2-4、表2-1、表2-2反映了2012~2019年上市公司分区域获政府补助金额以及其占全部政府补助金额比重。我们将全国经济地区划分为东部沿海经济综合区、黄河中游经济综合区、南部沿海经济区、北部沿海经济综合区、长江中游经济综合区、东北经济综合区、大西南经济综合区以及大西北经济综合区，具体对应省区市如下：（1）东部沿海经济综合区：上海、江苏、浙江；（2）黄河中游经济综合区：陕西、山西、河南、内蒙古；（3）南部沿海经济区：福建、广东、海南；（4）北部沿海经济综合区：北京、天津、河北、山东；（5）长江中游经济综合区：湖北、湖南、江西、安徽；（6）东北经济综合区：辽宁、吉林、黑龙江；（7）大西南经济综合区：云南、贵州、四川、重庆、广西；（8）大西北经济综合区：甘肃、青海、宁夏、西藏、新疆。

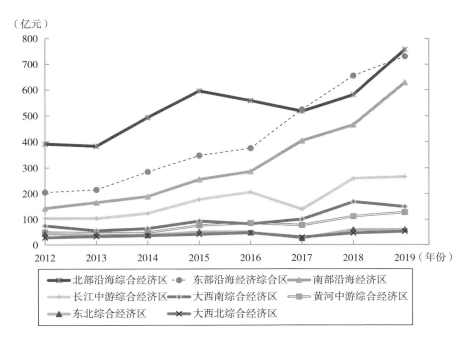

图2-3　2012~2019年上市公司分区域获政府补助金额

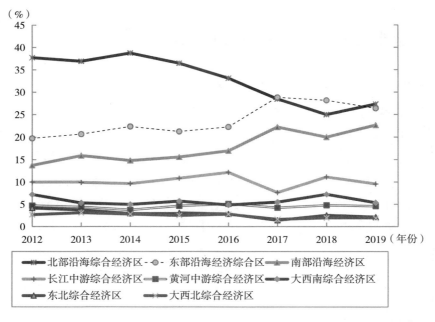

图 2 - 4   2012～2019 年上市公司分区域获政府补助占政府补助总额比重

表 2 - 1   2012～2019 年上市公司分区域政府补助金额   单位：亿元

区域	2012 年	2013 年	2014 年	2015 年	2016 年	2017 年	2018 年	2019 年
北部沿海经济综合区	391.57	382.97	492.94	595.18	557.73	516.64	580.17	757.04
东部沿海经济综合区	205.00	214.58	284.42	346.88	374.80	523.10	654.09	730.78
南部沿海经济区	142.61	165.02	188.50	254.49	285.70	403.44	464.51	627.66
长江中游经济综合区	103.79	102.86	122.74	177.08	204.82	138.38	258.56	264.90
大西南经济综合区	74.76	55.11	63.34	93.00	81.98	99.65	168.05	148.54
黄河中游经济综合区	48.98	45.80	47.91	75.75	85.14	76.70	111.27	126.97
东北经济综合区	43.43	38.90	37.38	50.34	47.77	25.79	59.27	59.49
大西北经济综合区	27.94	32.35	35.60	40.81	46.77	29.69	45.76	52.16

表 2 - 2   2012～2019 年上市公司分区域政府补助占政府补助总额比重   单位:%

区域	2012 年	2C13 年	2014 年	2015 年	2016 年	2017 年	2018 年	2019 年
北部沿海经济综合区	37.72	36.91	38.73	36.44	33.11	28.46	24.98	27.32
东部沿海经济综合区	19.75	20.68	22.35	21.24	22.25	28.82	28.16	26.37

续表

区域	2012 年	2013 年	2014 年	2015 年	2016 年	2017 年	2018 年	2019 年
南部沿海经济区	13.74	15.90	14.81	15.58	16.96	22.22	20.00	22.65
长江中游经济综合区	10.00	9.91	9.64	10.84	12.16	7.62	11.13	9.56
黄河中游经济综合区	4.72	4.41	3.76	4.64	5.10	4.23	4.79	4.58
大西南经济综合区	7.20	5.31	4.98	5.70	4.87	5.49	7.23	5.36
东北经济综合区	4.18	3.75	2.94	3.08	2.84	1.42	2.55	2.15
大西北经济综合区	2.69	3.12	2.80	2.50	2.78	1.64	1.97	1.88

　　从图 2 - 3、表 2 - 1 中的数据可以看出，除了 2017 年长江中游经济综合区、东北经济综合区、大西北经济综合区以及北部沿海经济综合区政府补助金额有所下降外，各经济区的政府补助金额在 2012 ～ 2019 年呈现稳中有升的局面。

　　在 2017 年之前获得政府补助金额最多的地区是北部沿海经济综合区，但是该区域的政府补助金额以及所占比重从 2015 年开始呈下降趋势。其政府补助金额从 2015 年的 595.18 亿元下降到 2017 年的 516.64 亿元，从 2017 年开始低于东部沿海经济综合区，位于第二位，其所占总政府补助金额的比重从 2015 年的 36.44% 下降到 2018 年的 24.98%。

　　2018 年，东部沿海经济综合区、北部沿海经济综合区、南部沿海经济综合区分别获得政府补助 654.09 亿元、580.17 亿元、464.51 亿元，所占政府补助总额的比重分别为 28.16%、24.98%、20.00%，处于前三名的领先地位；2019 年，北部沿海经济区政府补助金额超过了东部沿海经济区，达到了 757.04 亿元，占总政府补助金额的比重为 27.32%，重新成为获得政府补助金额以及占比最多的地区，这与这些经济区的地理位置有紧密关系。一方面，北京是全国经济文化中心、科技前沿，政府势必着重提升北京地区经济水平，因此，相比于其他地区，北部沿海经济综合区会获得相对较多政策倾斜和经济支持。纵向来看，该经济区的政府补助金额占比有下降的趋势，说明随着经济的发展，该地区企业对政府补助的依赖在逐渐减小，成熟企业逐步走上良性循环。另一方面，东部沿海经济综合区与南部沿海经济综合区是改革开放的前沿阵地，是改革开放后经济高速发展的地区，无论从产业结构还是经济背景来看，都已经属于中国产业发展的前沿领域，相较于传统工业，该区域已呈现出劳动密集型产业向知识密集型产业转换的趋势，属于我国高尖人才的聚集地，也是国家重点发展的对象。

从图2-4和表2-2中的数据可以看出，政府补助总额及占比在八大经济区中位于后两位的地区是东北经济综合区和大西北经济综合区，8年获得的政府补助总额分别为362.37亿元和311.08亿元，不及东部沿海经济综合区一年的数额多。在2019年仅有2.15%的政府补助集中在东北经济综合区，1.88%的政府补助集中在大西北经济综合区，这可能与其当地的经济发展较为缓慢使得当地财政收入较低有关。但是大西北地区政府补助金额增速较快，2019年比2012年增长了86.69%，这是由于大西北经济综合区起步较晚，总额数量有限，但由于国家西部大开发战略的实施，已呈现出快速发展的趋势。而东北经济综合区是我国传统的老工业基地，近几年经济发展水平呈现疲软态势，发展动力略显不足。国家应加大对东北老工业基地的扶持力度，实现各区域经济平衡发展。

图2-5和表2-3反映了不同地区的政府补助强度，整体上呈现出中西部地区以及东部沿海地区较高，南部沿海以及西北地区次之，东北地区以及北部沿海较低的现状。

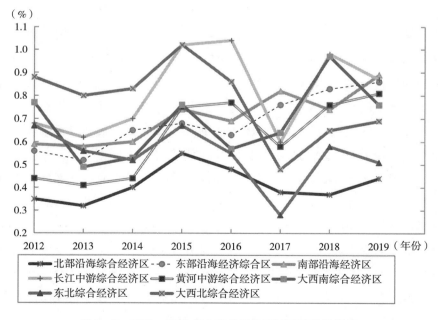

图2-5　2012~2019年上市公司分区域政府补助强度

表 2 - 3　　　　　2012～2019 年上市公司分区域政府补助强度　　　　单位:%

区域	2012 年	2013 年	2014 年	2015 年	2016 年	2017 年	2018 年	2019 年
北部沿海经济综合区	0.35	0.32	0.40	0.55	0.48	0.38	0.37	0.44
东部沿海经济综合区	0.56	0.52	0.65	0.68	0.63	0.76	0.83	0.86
南部沿海经济区	0.59	0.58	0.60	0.74	0.69	0.82	0.74	0.89
长江中游经济综合区	0.68	0.62	0.70	1.02	1.04	0.60	0.98	0.87
黄河中游经济综合区	0.44	0.41	0.44	0.75	0.77	0.58	0.76	0.81
大西南经济综合区	0.77	0.49	0.53	0.76	0.57	0.64	0.97	0.76
东北经济综合区	0.67	0.56	0.52	0.67	0.55	0.28	0.58	0.51
大西北经济综合区	0.88	0.80	0.83	1.02	0.86	0.48	0.65	0.69

可以看出，在 2015 年及以前，政府补助强度最高的是大西北经济综合区，其次是长江中游地区，然后是西南地区。在 2015 年，西北地区政府补助强度达到了 1.02%，位于第一位，是政府补助力度最低的北部沿海地区的 1.85 倍。前文分析表明，西北地区的政府补助金额最低，但是考虑到当地企业的经营状况得出的政府补助强度却是最高的。相反，一直处于获得政府补助金额最高位置的北部沿海地区，政府补助强度却是最低的。这表明，由于西部的经济发展较为缓慢，工业体系仍不完善，且上市公司数量较少，所以总体取得的补助资金不高。但是，近些年，国家政策逐渐由重点扶持转向普惠型，并受西部大开发战略的影响，政府对西部地区企业的扶持力度更高，正在逐步帮扶经济欠发达地区企业走上创新之路。而经济较为发达的北部沿海地区经济发展良好，能够稳步推进企业成长，已实现一定程度地良性循环，政府补助的强度逐渐降低，因此，近几年该地区企业获得政府补助金额以及占比呈现下降趋势。

在 2017 年，多个地区政府补助强度下降的同时，南部沿海地区以及东部沿海地区的政府补助强度仍然在上升，政府补助强度分别达到了 0.82% 和 0.76%，分别是政府补助强度最低的东北地区的 2.93 倍和 2.71 倍。可以看出，南部沿海以及东部沿海在获得较高政府补助金额的同时，政府补助力度也较强。因为这两个地区沿海的地理位置，加上其更加灵活的有利于经济发展的经济结构，使得产业结构向知识密集型产业发展，出现了较多的新兴产业，使得政府更加重视对其补助强度。

2.3　上市公司获得政府补助的行业分析

　　按证监会行业分类标准,将上市公司分为 13 类。表 2 - 4 的统计显示,制造业获得的政府补助金额最高,平均每年获得的政府补助金额占全部政府补助的 45% 左右;其次是信息技术业,在 2012～2019 年呈上升趋势,前 5 年基本维持在 11% 左右,后 3 年增幅加大,2019 年政府补助金额占比达到了 20.59%;再次是采掘业,8 年间所占比重有所下降,占比从 2012 年的 13.92% 下降到 2019 年的 6.80%;交通运输、仓储业排在第四位,所占比重在 7% 左右;电力、煤气及水的生产和供应业排在第五位,但是所占比重从 2015 年的 8.44% 开始下降,到 2019 年为 4.90%;金融、保险业、社会服务业、建筑业、批发和零售贸易业、房地产业、传播与文化产业、农林牧渔业等获得的政府补助总体较少,排在后列,其中社会服务业所占比重整体呈上升趋势,从 2012 年的 0.87% 上升到 2019 年的 4.32%。

表 2 - 4　　　2012～2019 年各行业政府补助金额占政府补助总额比重　　单位:%

行业	2012 年	2013 年	2014 年	2015 年	2016 年	2017 年	2018 年	2019 年
制造业	46.28	45.52	42.00	43.24	44.28	43.41	47.27	44.69
信息技术业	11.43	12.75	11.44	11.61	12.34	18.73	19.34	20.59
采掘业	13.92	14.41	13.86	10.76	10.73	7.28	7.49	6.80
交通运输、仓储业	8.43	7.40	11.29	11.72	6.32	7.75	7.35	9.18
电力、煤气及水的生产和供应业	7.56	6.84	7.46	8.44	7.47	4.94	4.24	4.90
金融、保险业	1.56	1.68	2.74	3.91	5.32	2.48	2.79	3.83
社会服务业	0.87	1.24	1.16	1.59	3.20	4.22	4.10	4.32
建筑业	3.38	3.42	3.42	2.56	3.20	3.66	3.35	3.08
批发和零售贸易业	2.22	2.56	2.13	2.14	2.41	2.02	2.44	2.54
房地产业	2.17	1.74	1.91	1.48	2.12	5.41	1.90	1.72
传播与文化产业	1.06	1.16	1.30	1.23	1.56	1.58	1.38	1.10
农林牧渔业	0.90	1.04	1.03	0.94	0.85	0.77	0.93	0.81
综合类	0.24	0.26	0.27	0.38	0.19	0.20	0.19	0.27

总体来看，政府补助具有较大的行业差异性。制造业所获政府补助的比重明显高于其他行业，一方面是因为制造业上市公司数量较多，另一方面，我国制造业正处于优化升级阶段，传统制造业成为政府重点扶持对象。由于国家对新一代信息技术发展高度重视，所以信息技术产业政府补助所占比重整体呈上升趋势，特别是 2017 年随着多项对新一代信息技术产业扶持政策的出台，信息技术业政府补助所占比重增幅明显加大。采掘业与电力、煤气及水的生产和供应业可能因其高耗能、高污染等特点，加之国家去产能、调整产业结构等政策，因而政府补助所占比重呈现下降趋势。另外，纵观我国前些年房地产业的发展趋势，房价一路走高，中央出台一系列政策调控房地产行业、进一步抑制房价上涨，不难理解政府对房地产行业补助力度不大；如今全球经济一体化趋势愈发明显，金融行业首当其冲会受到国际经济形势的冲击，出于维持金融稳定乃至整个国民经济稳定的大局考虑，政府明显加大对金融行业的扶持力度。

2.4　ST 类上市公司获得政府补助分析

近年来，政府补助明显呈现出政策引领的导向作用，对于具有成长空间、符合国家创新战略要求的企业是政府补助资金的主要对象，而部分经营困难、需要调整的企业必然在市场机制下优胜劣汰，不再是补助资金的帮扶对象。由图 2 - 6 可以看出，2012 ~ 2019 年部分 ST 类公司获得了政府补助，但总体呈下降趋势，而且补助比例较低。可见政府补助资金的投放更加倾向于"补强"，而不再是"扶弱"。这也表明，国家政策信号更加清晰、明确，暂时遇到经营困难但核心业务没有问题的企业仍然可以通过政府帮扶渡过难关，但经营状况不佳、需要退市的企业，只能通过自身的调整适应市场需求的变化，不能再依赖政府的帮助扭亏为盈。

2.5　会计准则关于政府补助的修订对上市公司会计处理的影响

旧政府补助会计准则在科目的选择上，只是将收到的政府补助分期计入营业外收入，模糊了业务的经济实质；而在新准则下，企业可以将收到的政府补助根据是否与日常经营活动相关，分别分摊到其他收益和营业外收入两个科目

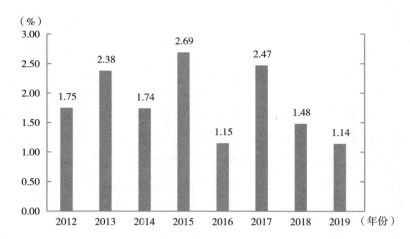

图 2 − 6　2012 ~ 2019 年 ST 公司获政府补助金额占政府补助总额比重

注：2019 年，*ST 沈机和*ST 金钰的其他收益中分别包含债务重组处置存货 − 44.60 亿元和重整损益 − 2.25 亿元，这两项与政府补助无关且金额重大，所以将这两个项目从其他收益中剔除，其他收益用剩余项目加总数计算。

中，有助于企业正确区分收入、费用、利得。同时，资本市场的投资者和其他利益相关群体也能更有效解读企业对政府补助的使用情况，财务数据更细化，也更具有可解读性。下文将采用上市公司的数据对政府补助与公司盈余的关系进行分析。

2.5.1　其他收益对营业利润的影响

采用当期其他收益/营业利润指标衡量其他收益占比。该指标越大，表明上市公司利润中来自非主营业务的部分越多，即非主营业务对公司盈余影响更大。如果该指标大于等于 1，表明真实的营业利润为负数，通过其他收益使公司营业利润由负转为正；如果该指标大于 0 且小于 1，表明公司营业利润为正，且比值越大，说明政府补助等其他收益对上市公司营业利润影响越大；如果该指标小于 0，说明营业利润为负，即使营业利润中已经包括政府补助等其他收益，但仍为负数，公司经营状况不佳。

从表 2 − 5 可以看出，在获得政府补助的上市公司中，2017 年，93.03%的上市公司该比值在 0 到 1 之间，2018 年为 86.17%，2019 年为 86.35%，这说明大部分获得政府补助的上市公司的营业利润比较真实。同时，2017 年 1.90% 的上市公司通过其他收益使得营业利润由负转为正，且该类公司数量占比呈上升趋势，2018 年增加到 2.57%，2019 年增加到 3.38%，这部分公司可能存在利用其他收益进行盈余管理的现象。

表 2 - 5   2017 ~ 2019 年其他收益/营业利润不同比值的公司数量占比   单位：%

年份	其他收益/营业利润		
	< 0	0 ~ 1	≥ 1
2017	4.97	93.03	1.90
2018	11.26	86.17	2.57
2019	10.26	86.35	3.38

2.5.2 分摊政府补助的科目选择

新准则增加其他收益科目之后，上市公司在选择分摊政府补助记入科目时拥有了更大的选择空间。有些公司把政府补助仅分摊到其他收益科目中，有的公司仅分摊到营业外收入科目，还有些公司两者兼有，具体情况如表 2 - 6 所示。可以看出，新政府补助准则实施后，大部分上市公司将政府补助分为"与日常活动相关的"和"与日常活动无关的"，分别分摊至其他收益和营业外收入中，并且这类公司在 2017 ~ 2019 年占上市公司数量的一半左右，分别占比为 48.67%、52.24%、45.42%，这说明新政府补助准则下有助于企业对收入、利得的划分，而不是之前的统一计入利得。

表 2 - 6   上市公司分摊政府补助的科目选择情况   单位：%

年份	仅计入其他收益的公司占比	仅计入营业外收入的公司占比	既计入其他收益又计入营业外收入公司占比
2017	31.6	16.39	48.67
2018	46.49	1.24	52.24
2019	54.08	0.44	45.42

将政府补助仅分摊到营业外收入的公司占比减少，从 2017 年的 16.39% 下降到 2019 年的 0.44%，这可能是因为 2017 年刚实施新准则，有些企业还未能

完全适应，到 2018 年及以后就不再仅分摊至营业外收入中。将政府补助仅分摊到其他收益的公司占比持续增加，从 2017 年的 31.60% 上升至 2019 年的 54.08%，在 2019 年甚至超过了既计入其他收益又计入营业外收入的公司占比。但这些公司收到的政府补助确实全部与日常经营活动相关，还是可能利用其他收益进行盈余管理，我们无法通过公司报表确认其真实性及合理性。可见，政府补助会计准则的修订确实给公司会计处理带来了较大变化，上市公司可以根据补助规定、自身业务特点和后续对补助资金的使用情况细化会计账务问题。准则的修订使政府补助会计确认更加符合公司收益特性的同时，也给上市公司提供了更宽泛的自主选择空间，对公司的短期盈余和长期盈余都带来了不同程度的影响。

第3章

政府补助是否影响企业的财务状况

政府补助是为实现既定的经济目标而做出的一项制度安排，是政府引导企业向良性发展的行为。而且，随着补助范围的扩大及补助力度的增加，其"帮扶"对企业具体的影响值得深入研究。

国内外学者对政府补助的作用进行了大量研究，一部分学者认为政府补助会产生积极的正向作用，即政府补助有效论，也有一部分学者保持质疑。为了深入研究政府补助对企业绩效的影响以及与具体财务会计指标的关系，本章以2012～2016年沪深 A 股上市公司为样本，结合公司治理因素展开研究。首先评估政府补助对上市公司财务绩效和市场价值的影响；然后从财务会计角度采用高管薪酬和高管经费支出两个直接指标度量公司管理成本，分析政府补助对管理成本的影响情况；在进一步研究中，加入现金流和可调节利润两个中介变量，具体检验政府补助在财务层面对企业的影响程度。

3.1 理论分析与研究假设

持政府补助有效论的学者认为，政府补助可以在绩效、创新等角度对企业发挥正向作用。如哲勒皮斯和斯库拉斯（Tzelepis and Skuras，2004）研究表明，地方政府补助对企业的产出增长有显著正向影响，并且能增强企业的短期偿债能力。郑春美等从创新的角度进行研究发现，政府补助可以增加企业专利产出，提升新产品的销售比例和利润比例，对企业创新具有显著的激励作用（郑春美等，2015）。李健等（2016）进一步研究表明，政府补助有助于缓解外部融资约束，从而平滑创新投资波动，推动创新可持续性。从微观企业层面看，中央和地方政府通过财政拨款、财政贴息、税收返还及减免等方式降低企业运营成本，充实现金流，通过刺激创新活动提升企业获利能力，能够在一定程度上提高企业的直接财务绩效；从资本市场角度看，获取大额政府补助的企业一般处于国家政策支持的发展领域，是具有未来发展潜质的企业，资本市场会给予一定的预期，未来成长空间会在市场价值中有所体现，企业的市场绩效可以得到提升。基于此，本书提出假设3－1：

假设3－1：政府补助能够提升企业绩效。

对企业而言，政府补助是非经常性收益，通常数额巨大，在会计处理中，会对企业当期盈余和未来盈余均形成一定程度的影响。由于企业管理层薪酬和具体的高管经费支出与企业盈利存在密切关系，因此也会受到政府补助资金的影响。而且要提高补助资金的使用效率，减少不必要的浪费，对管理层薪酬和经费使用情况进行深入研究是非常有必要的。"在职消费"最早由詹森和梅克林（Jensen and Meckling，1976）提出，他们认为在职消费是经理人在工作过程中进行的非货币性消费，是企业高管因其职位获取的除正常薪酬以外的额外报酬，也被视为一种隐性激励方式（王曾等，2014；陈冬华等，2010），对高管有特定的激励效果。本书认为应该从更客观的角度对"在职消费"进行认识，毕竟与此相关的支出是以企业运营为基点的，并且对于内部控制较完善的企业而言，此项资金的使用有明确的会计确认规则，并非可以任意由高管决定。作为公司正常经营的需要以及契约不完备的产物，在职消费行为本身具有一定的合理性，适度的在职消费是公司开展正常经营业务必需的支出，也是高管自我激励的一种有效方法。因此，本书采用"高管经费支出"这一客观用词取代"在职消费"。

对于取得大量政府补助的企业而言，由于项目投资的增加，高管经费支出也可能相应增加，同时，与业绩挂钩的高管薪酬可能也会随着企业创造利润的增加而增加，这也是对管理层激励的一种现实转化，当然也意味着管理成本的增加。

基于以上分析，本书提出假设3－2：

假设3－2：政府补助会增加企业管理成本。

3.2　研究设计

3.2.1　样本选择和数据来源

本书以 2012～2016 年沪深 A 股上市公司为研究样本[①]。对初始样本做如下筛选：（1）剔除金融、保险和房地产行业的样本，因为这几类公司的会计核算和财务特征存在特殊性，可能会对结果产生异常影响；（2）剔除 ST 和 *ST状态的样本，因为这两类上市公司属于财务困境公司，可能会对结果产生异常影响；（3）剔除所需数据缺失的样本。上市公司财务数据主要来自 CSMAR 数据库。为了消除异常值的影响，本书以政府补助变量为基础对所有数据在 1% 和 99% 分位上进行了 Winsorize 处理，最终得到托宾 Q 观测值 5280 个，其余变量观测值均为 6295 个。本书使用的计量分析软件为 Stata14.0。

3.2.2　变量定义与度量

1. 政府补助

政府补助的衡量指标是政府补助金额与主营业务收入的相对值。对政府补助的度量目前主要有两种方式：一种是以相对值指标来衡量，如邹彩芬（2016）、陈晓等（2001）、张继袖等（2007）用政府补助金额除以利润总额、总资产或销售收入；蒋艳等（2013）用虚拟变量表达政府补助与总资产比值或均值的关系。另一种是用绝对值指标衡量，如步丹璐（2014）采用的是上市公司披露的"营业外收入"中"政府补助"项目的具体金额，而且就软约束和硬约束补助做了区分。本书在综合考虑已有研究的基础上，采用 CSMAR 数据库中披露的营业外收入项目，并根据补助项目的明细情况进行手工筛选，包括上市公司年报中披露的政府奖励、财政拨款、财政贴息、税收返还及减免等项目。为消除公司规模的影响，本书采用政府补助的实际数除以主营业务收入的比值衡量，同时采用政府补助与总资产的比值用于稳健性测试。

---

① 由于 2017 年实施修订后的《企业会计准则第 16 号——政府补助》，导致准则修订前后数据口径不一致，因此本书后文实证部分样本数据仅截至 2016 年，下文不再赘述。

2. 被解释变量

（1）公司绩效。为了从不同角度评价政府补助对公司绩效的影响，本书选取总资产收益率（Roa）和托宾Q值（TobinQ）分别衡量财务绩效和市场价值来反映公司绩效。

（2）高管薪酬水平。学术界对于高管薪酬的度量通常分为两种，第一种是采用前三名高管的薪酬总和或者平均值作为高管薪酬；第二种是采用整个管理层的薪酬总和或平均值度量。两种方法区别在于对"高管"一词的理解不同。本书认为，高管是对公司经营有决策权的所有管理人员，即所有董事、监事和高级管理人员而非前三名管理者。因此，本书采用管理层平均薪酬除以主营业务收入作为公司高管薪酬水平（Epay）变量。

（3）高管经费支出水平。由于"管理费用"中包括全部管理人员薪酬和日常管理开支，范围过广，不能集中反映研究的重点，因此本书结合权小峰等（2010）、陈冬华等（2005）、卢锐等（2008）采用的方法，从公司"管理费用"项目中手工筛选，收集了与公司管理层最可能相关的八大类费用项目，为消除规模影响，采用公司当年高管经费支出数额与主营业务收入的比值衡量公司高管经费支出水平（Npc）。

3. 控制变量

参考政府补助和管理层行为的相关文献，本书选取控制变量如下：总资产收益率[①]，表示公司业绩，为净利润和总资产的比值；公司规模（Size），等于期末总资产的自然对数；公司成长性（Growth），等于营业收入增长率；资本结构（Lev），即资产负债率，等于期末总负债与期末总资产的比值；股权集中度（Shr），等于第一大股东持股比例；高管持股比例（Mshr），等于管理层的总持股比例；总经理与董事长是否两职合一（Dual），当总经理与董事长兼任时取1，否则取0；股权性质（State），区分为国有控股和非国有控股，取1代表国有公司，取0表示非国有公司。除此之外，引入行业（Indu）和年度（Year）虚拟变量对行业和年度进行控制。

[①] 在模型（3.1）中，为研究政府补助对公司绩效的影响，总资产收益率作为被解释变量。在模型（3.2）、模型（3.3）、模型（3.4）中，由于研究内容不同，被解释变量改变，模型采用学术界普遍做法，选取总资产收益率作为控制变量。

3.2.3　模型设计

构建模型（3.1）～模型（3.4）用以检验政府补助对公司绩效和管理成本的影响（假设 3 - 1 和假设 3 - 2），具体模型如下：

$$\text{Roa} = \beta_0 + \beta_1 \text{Subsidy} + \beta_2 \text{Size} + \beta_3 \text{Growth} + \beta_4 \text{Lev} + \beta_5 \text{Shr} + \beta_6 \text{Mshr}$$
$$+ \beta_7 \text{Dual} + \beta_8 \text{State} + \sum \gamma_i \text{Indu}_i + \sum \mu_j \text{Year}_j + \varepsilon_1 \qquad (3.1)$$

$$\text{TobinQ} = \beta_0 + \beta_1 \text{Subsidy} + \beta_2 \text{Roa} + \beta_3 \text{Size} + \beta_4 \text{Growth} + \beta_5 \text{Lev} + \beta_6 \text{Shr}$$
$$+ \beta_7 \text{Mshr} + \beta_8 \text{Dual} + \beta_9 \text{State} + \sum \gamma_i \text{Indu} + \sum \mu_j \text{Year}_j + \varepsilon_1 \qquad (3.2)$$

$$\text{Epay} = \beta_0 + \beta_1 \text{Subsidy} + \beta_2 \text{Roa} + \beta_3 \text{Size} + \beta_4 \text{Growth} + \beta_5 \text{Lev} + \beta_6 \text{Shr}$$
$$+ \beta_7 \text{Mshr} + \beta_8 \text{Dual} + \beta_9 \text{State} + \sum \gamma_i \text{Indu}_i + \sum \mu_j \text{Year}_j + \varepsilon_1 \qquad (3.3)$$

$$\text{Npc} = \beta_0 + \beta_1 \text{Subsidy} + \beta_2 \text{Roa} + \beta_3 \text{Size} + \beta_4 \text{Growth} + \beta_5 \text{Lev} + \beta_6 \text{Shr}$$
$$+ \beta_7 \text{Mshr} + \beta_8 \text{Dual} + \beta_9 \text{State} + \sum \gamma_i \text{Indu}_i + \sum \mu_j \text{Year}_j + \varepsilon_1 \qquad (3.4)$$

通过以上模型，首先检验政府补助对公司财务绩效和市场价值的影响，然后检验管理成本是否受到政府补助资金的影响，最后在进一步研究中分析可调节利润和现金流是否在政府补助与管理成本的关系中存在中介效应。

3.3　实证结果及分析

3.3.1　描述性统计和相关性分析

表 3 - 1 报告了各变量的描述性统计结果。从中可以看出，政府补助（Subsidy）的均值为 0.0128，中位数为 0.0061，标准差为 0.0239，说明样本公司之间获得政府补助的金额差别较大。反映公司绩效的 Roa 和 TobinQ 均值分别为 0.0336 和 1.9381，标准差分别为 0.0529 和 1.7150，说明上市公司的盈利能力和市场价值也存在较大差异。

样本公司高管薪酬水平的均值为 1.84E - 04，最大值为 0.0115，最小值为 3.56E - 07，说明高管薪酬支付水平两极分化明显，平均薪酬最高的公司薪酬占销售收入的比例超过 1%，该现象应该是由于高管薪酬与公司业绩具有较大的相关性。高管经费支出水平的均值为 0.0085，最大值为 0.1959，最小值为 3.17E - 05，可以看出部分公司管理成本很高，但普遍处于比较合理的范围内。

从公司的成长性角度看，样本公司的均值为 0.1132，标准差为 0.0672；从资本结构的角度看，样本公司的均值为 0.4519，标准差为 0.4433。公司绩效、成长性、资本结构的显著差异与政府补助的获取金额存在一定的关联性，因此也可能在政府补助对企业的财务影响中发挥一定的作用。股权集中度和高管持股比例的均值分别为 0.3494 和 0.0992，两职合一的均值为 0.2175，股权性质均值为 0.1941，说明大股东的持股比例远高于管理层，但国有股的比例并不高，两职合一的公司仅占少数。

表 3 - 1   描述性统计

变量	平均数	中位数	标准差	最小值	最大值
Subsidy	0.0128	0.0061	0.0239	2.46E - 05	0.6230
Roa	0.0336	0.0294	0.0529	- 0.5860	0.3119
TobinQ	1.9381	1.5105	1.7150	0.1046	31.4232
Epay	1.84E - 04	1.13E - 04	3.03E - 04	3.56E - 07	0.0115
Npc	0.0085	0.0058	0.0095	3.17E - 05	0.1959
Size	9.6468	9.5915	0.4704	8.2895	11.8804
Growth	0.1132	0.0672	0.3406	- 0.8106	3.9484
Lev	0.4519	0.4433	0.2006	0.0103	1.5559
Shr	0.3494	0.3322	0.1493	0.0362	0.8523
Mshr	0.0992	0.0005	0.2992	0.0000	12.0633
Dual	0.2175	0.0000	0.4126	0.0000	1.0000
State	0.1941	0.0000	0.3956	0.0000	1.0000

主要变量之间的相关系数分析表明，政府补助与高管薪酬水平、高管经费支出水平的相关系数为正，初步支持了假设 3 - 2。政府补助与其他控制变量基本在 1% 的显著性水平上存在相关性，说明控制变量的选择是合适的。各控制变量之间的相关性系数基本都小于 0.5，表明本书的模型不存在明显的多重共线性。

表 3 - 2 展示了各变量之间的 Pearson 相关性检验结果。由表 3 - 2 可见，

政府补助与高管薪酬水平（Ceopay）、高管经费支出水平的相关系数为正，初步支持了假设 3 -2。政府补助与其他控制变量基本在 0.01 的显著性水平上存在相关性，说明控制变量的选择是合适的。各控制变量之间的相关性系数基本都小于 0.5，表明模型不存在明显的多重共线性。

表 3 -2　　　　　　　　　　　**Pearson 相关性检验表**

变量	Subsidy	ROA	Ceopay	Npc	Size	Growth	Lev	Shr	Mshr	Dual	State
Subsidy	1.0000										
ROA	-0.0171	1.0000									
Ceopay	0.1718*	0.0021	1.0000								
Npc	0.1905*	-0.0072	0.5678*	1.0000							
Size	-0.1404*	0.0050	-0.3790*	-0.2627*	1.0000						
Growth	-0.0309	0.1888*	-0.0747*	-0.0415*	0.0600*	1.0000					
Lev	-0.0811*	-0.3848*	-0.2842*	-0.2207*	0.4564*	0.0068	1.0000				
Shr	-0.0550*	0.0909*	-0.1153*	-0.1539*	0.2359*	-0.0215	0.0322	1.0000			
Mshr	0.0165	0.1261*	0.0333*	0.0402*	-0.1456*	0.0462*	-0.1563*	-0.0288	1.0000		
Dual	0.0475*	0.0348*	0.0278	0.0612*	-0.1261*	0.0492*	-0.0854*	-0.0577*	0.1353*	1.0000	
State	-0.0032	-0.0197	-0.0696*	-0.0462*	0.1629*	0.0712*	0.0803*	0.0300	-0.1000*	-0.0757*	1.0000

注：* 表示在 0.01 水平上显著相关；由于 TobinQ 部分样本缺失造成与其他变量样本数不一致，故不在此列示。

3.3.2　回归结果分析

首先对模型（3.1）～模型（3.4）进行回归，检验假设 3 -1 和假设 3 -2，回归结果见表 3 -3。

表 3 -3　　　　　　　　　　　**模型回归结果**

模型	（3.1）	（3.2）	（3.3）	（3.4）
变量	Roa	TobinQ	Epay	Npc
Subsidy	0.1278*** (4.99)	1.9310*** (2.68)	0.0013*** (9.34)	0.0475*** (10.32)

续表

模型	(3.1)	(3.2)	(3.3)	(3.4)
Roa	—	4.9796 *** (13.08)	−2.83E−04 *** (−3.87)	−0.0100 *** (−4.25)
Size	0.0253 *** (11.75)	−1.5614 *** (−32.48)	−2.01E−04 *** (−22.17)	9.84E−15 ** (2.21)
Growth	0.0217 *** (14.27)	0.2352 *** (4.04)	−3.46E−05 *** (−3.43)	−8.98E−04 *** (−2.78)
Lev	−0.1337 *** (−31.00)	−1.4267 *** (−12.02)	−2.61E−04 *** (−11.83)	−0.0067 *** (−9.53)
Shr	0.0190 *** (3.32)	0.5147 *** (4.15)	−4.63E−05 * (−1.95)	−0.0062 *** (−8.17)
Mshr	0.0145 *** (6.32)	−0.1616 (−1.48)	−1.83E−05 (−1.58)	−3.09E−04 (−0.84)
Dual	0.0031 * (1.86)	0.1155 *** (2.67)	−1.44E−05 * (−1.74)	5.45E−04 ** (2.06)
State	−0.0042 (−2.70)	−0.0595 (−1.30)	−1.15E−05 (−1.32)	−4.32E−04 (−1.55)
Indu	—	—	—	—
Year	—	—	—	—
N	6295	5280	6295	6295
R^2	0.2617	0.4627	0.2478	0.2116
Adjust R^2	0.2586	0.4598	0.2444	0.2081

注：***、**、*分别表示在1%、5%和10%水平上显著，括号中的数字表示双尾检验的t值。

从表3-3可以看出，政府补助与总资产收益率和托宾Q值均呈正相关关系，且在1%的显著性水平上显著。这说明政府补助投入到公司后，能够被公司较好地使用，对提高公司财务业绩和市场认可度起到了正向的引导作用，假设3-1得到验证。而对控制变量的检验结果，公司成长性与绩效正相关，资本结构与绩效负相关，均符合一般上市公司的规律。在公司治理层面，股权集中度与绩效正相关，特别是与托宾Q值的相关系数较大，这说明大股东控制能力越强的公司业绩水平越高，而高管持股比例增加会提高财务绩效，但降低市场价值。再结合两职合一的系数分析，可以看出董事长和CEO是同一人更有利于公司业绩的提升。这与国外学者基于委托代理理论的研究结果不一致，已有研究一般认为两职合一不利于公司治理水平的提高，但是两职合一可以在一定程度上避免代理成本的增加，可能更符合我国公司现阶段发展的状况。这些公司治理指标共同反映出一个显著的问题，即公司管理者虽然持有一定的股份，但如果不是大股东，仍然会受到任职期的影响，表现在管理层控制权与财务业绩（即短期业绩）联动，而与市场业绩（可看作是长期业绩）不联动，即管理层更关注短期财务业绩，因为高管薪酬回报的主要部分仍取决于公司的财务表现；同时管理层会减少对公司长期业绩的关注，因为市场价值更多地反映投资者对公司未来的预期评估。

政府补助与高管薪酬水平和高管经费支出水平在 1% 水平上显著正相关，这说明，虽然政府补助有利于增加公司绩效，但同时带来了管理成本的上升。结合政府补助对公司财务绩效的正向影响结果看，由于高管薪酬一般与财务绩效挂钩，所以补助资金在一定程度上也增加了高管的薪酬回报。同时，由于补助资金形成的投资增加，项目运营成本必然增加，与此有关的高管经费开支也有所增加。实证结果支持了假设 3 - 2，即政府补助提高企业绩效的同时，也带来了管理成本的相应增加。

在控制变量方面，成长性与管理层行为负相关，这不仅与周霞（2014）研究发现政府补助对处于成长期企业所产生的经济绩效最为显著这一结论相一致，而且更进一步挖掘出背后的原因，即对于高成长性公司而言，管理者更关注公司发展，而非取得短期自身利益，因此政府补助的作用效果最为显著。资产负债率与管理成本负相关，表明负债水平较低的公司管理效率更高，成本较低。股权集中度、高管持股比例均与管理成本负相关，这与公司的股权激励初衷相一致，即大股东和管理者持股比例越高，会为公司长远发展考虑，能够更合理地管控费用支出。并且当两职合一，或者存在国有股发挥一定的监督作用时，高管行为受到更有效地约束，管理成本控制较好。该实证结果为公司治理机制的有效设计提供了合理的证据。

3.4　进一步研究

3.4.1　基于可调节利润的路径分析

盈余管理是企业管理层在会计准则允许的范围内，通过会计政策选择和会计估计变更等方式调整或者隐瞒企业对外报告的真实业绩（Dechow，2000），主要表现在对利润的调节。委托代理观认为，公司管理者为了实现股东希望的业绩目标而产生调节盈余的行为，如增加当期盈余提高业绩或者调低当期盈余为将来公司的业绩提升做准备，从而平滑利润，呈现公司业绩稳步增长的趋势。由于政府补助资金在会计处理中会对当期盈余和未来盈余构成影响，因此该项目的确认、计量也可能受到管理层调节利润的影响。同时，与此均存在关联的高管薪酬和高管经费支出也可能受到不同程度的影响。为此，本书试图构建政府补助影响管理成本的路径研究，即实证检验上市公司高管在使用政府补助的过程中是否由于盈余管理导致管理成本增加，该研究能够为提高管理效率、降低管理成本提供实证依据。

对于可调节利润，学术上存在基本琼斯模型、修正琼斯模型等七种常用的截面可调节应计利润模型。黄梅、夏新平（2009）的测试结果表明，分年度分行业回归的截面修正琼斯模型在模型设定和盈余管理的检验能力方面表现更佳。因此，本书采用分年度、分行业回归的截面修正琼斯模型进行可调节利润的实证研究，并用还原的可调节利润与主营业务收入的比值衡量。可调节利润采用如下模型计算：

$$TA_{i,t} = NI_{i,t} - CFO_{i,t} \tag{3.5}$$

$$\frac{TA_{i,t}}{A_{i,t-1}} = \beta_1 \frac{1}{A_{i,t-1}} + \beta_2 \frac{\Delta REV_{i,t} - \Delta REC_{i,t}}{A_{i,t-1}} + \beta_3 \frac{PPE_{i,t}}{A_{i,t-1}} + \varepsilon \tag{3.6}$$

$$\frac{NDA_{i,t}}{A_{i,t-1}} = \beta_1 \frac{1}{A_{i,t-1}} + \beta_2 \frac{\Delta REV_{i,t} - \Delta REC_{i,t}}{A_{i,t-1}} + \beta_3 \frac{PPE_{i,t}}{A_{i,t-1}} \tag{3.7}$$

$$DA_{i,t} = \frac{TA_{i,t}}{A_{i,t-1}} - NDA_{i,t} \tag{3.8}$$

模型（3.5）~模型（3.8）中，$TA_{i,t}$为总应计利润；$NI_{i,t}$为第 t 年的净利润；$CFO_{i,t}$为第 t 年经营活动净现金流量；$A_{i,t-1}$为期初总资产；$\Delta REV_{i,t}$为销售收入变动，等于本年度销售收入减去上一年度销售收入；$\Delta REC_{i,t}$为应收账款变动，等于本年度应收账款减去上一年度应收账款；$PPE_{i,t}$为当期固定资产净值；$NDA_{i,t}$为非可调节应计利润；$DA_{i,t}$为可调节应计利润，由总应计利润减去非可调节应计利润得到，即模型（3.6）中的残差项。为了保持变量标准化的一致性，在模型（3.8）得出$DA_{i,t}$的基础上乘以期初总资产进行还原后再除以当期主营业务收入，得到下文回归模型中的变量 Da。

为检验管理成本的增加是否与盈余管理有关，本书借鉴温忠麟等（2005）的方法，检验可调节利润对政府补助与高管薪酬和高管经费支出的中介效应，设定如下模型：

$$Da = \beta_0 + \beta_1 Subsidy + \sum_j \beta_j Control_j + \sum Indu + \sum Year + \varepsilon \qquad (3.9)$$

$$Epay = \delta_0 + \delta_1 Subsidy + \delta_2 Da + \sum_j \delta_j Control_j + \sum Indu + \sum Year + \varepsilon \qquad (3.10)$$

$$Npc = \lambda_0 + \lambda_1 Subsidy + \lambda_2 Da + \sum_j \lambda_j Control_j + \sum Indu + \sum Year + \varepsilon \qquad (3.11)$$

模型（3.9）～模型（3.11）中 Da 为可调节利润，作为中介变量；控制变量仍选取总资产收益率、公司规模、公司成长性、资本结构、股权集中度、高管持股比例、总经理与董事长是否两职合一以及股权性质等，并对行业和年度（Year）虚拟变量进行控制。中介效应检验的回归结果如表 3-4 所示。

从实证结果可以看出，加入中介变量后，政府补助对高管薪酬水平和高管经费支出水平的回归系数均在 1% 的水平上显著，且呈正相关，可调节利润同样与高管薪酬水平和高管经费支出水平显著正相关，与本书预期相一致，说明公司管理成本的增加与盈余管理行为存在一定的相关性。

3.4.2　基于现金流的路径分析

根据詹森（Jensen，1986）的现金流量假说，两权分离的存在使现金流控制权掌握在经营者手中，经营者与股东往往存在利益冲突，而且当企业的现金流较多时，这种冲突会更加严重，从而使代理成本增加。政府补助带来大量的现金流使企业具有产生委托代理成本的前提条件，即政府补助一方面通过增加企业现金流，使高管控制更多资金，为高管经费支出提供了前提；另一方面又使高管获得了更多高管经费支出的机会。刘银国、张琛（2012）通过研究证实，企业过度持有现金流量会助长高管的高管经费支出，产生昂贵的代理成本，即现金流量与高管经费支出水平正相关。因为现金流体现了扣除必要支出后公司管理者可支配的现金余量，所以本书采用现金流反映管理成本增加的前提条件。在定义现金流量水平时，参考了柯普兰等（Copeland et al.，1990）提出的现金流量计算方法。为消除公司规模对现金流量的影响，使现金流水平与其他变量具有可比性，选取现金流与主营业务收入之比进行衡量，计算公式如下：

$$现金流水平 = \frac{净利润 + 利息费用 + 非现金支出 - 营运资本追加 - 资本性支出}{主营业务收入}$$

$$(3.12)$$

同样采用中介效应模型，探求管理成本与现金流变化的关系，为检验现金流是否在政府补助与高管薪酬和高管经费支出之间发挥中介效应，设定如下路径模型：

$$Fcf = \beta_0 + \beta_1 Subsidy + \sum_j \beta_j Control_j + \sum Indu + \sum Year + \varepsilon \quad (3.13)$$

$$Epay = \delta_0 + \delta_1 Subsidy + \delta_2 Fcf + \sum_j \delta_j Control_j + \sum Indu + \sum Year + \varepsilon \quad (3.14)$$

$$Npc = \lambda_0 + \lambda_1 Subsidy + \lambda_2 Fcf + \sum_j \lambda_j Control_j + \sum Indu + \sum Year + \varepsilon \quad (3.15)$$

模型（3.13）~模型（3.15）中 Fcf 为现金流，作为中介变量；控制变量同前。回归结果如表 3-4 所示。实证结果显示，现金流与政府补助显著正相关，但是与高管薪酬水平不相关，与高管经费支出水平负相关。进一步采用 Sobel 检验，现金流对高管薪酬的回归系数仍不通过检验，故可以说明现金流对政府补助与高管薪酬水平不存在中介效应，即管理成本的增加并不是由现金流变化引发的。该结果与已有文献和本书假设存在差异，这可能与政府补助形式的多样化存在一定关系。因为我国政府补助只有一部分为直接现金补助，更多的补助金额体现为税收减免、税收返还等方面，显然这些补助方式并不会增加公司现金流，自然也不会成为管理成本增加的前提条件。而与此相对应的可调节利润则表现为完全中介效应，说明在政府补助的获取和使用过程中，盈余管理行为对管理成本的增加确实存在影响。

表 3-4　　　　　　　　　　中介效应检验结果

变量		可调节利润的中介效应检验			现金流的中介效应检验		
		模型 (3.9)	模型 (3.10)	模型 (3.11)	模型 (3.13)	模型 (3.14)	模型 (3.15)
被解释变量		Da	Epay	Npc	Fcf	Epay	Npc
解释变量	Subsidy	0.6333*** (5.02)	0.0012*** (8.74)	0.0451*** (9.82)	1.1945*** (3.77)	—	0.0110*** (3.21)
中介变量	Da	—	1.5E-04*** (10.49)	0.0041*** (8.93)	—	—	—
	Fcf	—	—	—	—	-6.81E-06 (-1.43)	-0.0013*** (-8.43)

续表

变量		可调节利润的中介效应检验			现金流的中介效应检验		
		模型（3.9）	模型（3.10）	模型（3.11）	模型（3.13）	模型（3.14）	模型（3.15）
被解释变量		Da	Epay	Npc	Fcf	Epay	Npc
控制变量	Roa	1.1000 *** (17.20)	−4.48E−04 *** (−6.05)	−0.0149 *** (−6.25)	1.2575 *** (8.24)	−4.89E−05 (−0.95)	−0.0070 *** (−4.25)
	Size	0.0191 ** (2.41)	−0.0002 *** (−22.67)	−0.0027 *** (−9.46)	−0.4620 *** (−8.76)	−0.0002 *** (−12.96)	−0.0010 * (−1.72)
	Growth	−0.0010 (−0.11)	−3.45E−05 *** (−3.45)	−0.0009 *** (−2.83)	−0.0201 (−1.12)	−4.87E−05 *** (−8.06)	−0.0025 *** (−12.73)
	Lev	−0.0168 (−0.87)	−2.58E−04 *** (−11.81)	−0.0068 *** (−9.70)	1.1049 *** (15.38)	−7.78E−05 *** (−3.13)	0.0018 ** (2.32)
	Shr	0.0024 (0.12)	−4.67E−05 ** (−1.98)	−0.0061 *** (−8.13)	0.3016 ** (2.46)	−4.63E−06 (−0.11)	−0.0031 ** (−2.33)
	Mshr	0.0091 (0.90)	−1.96E−05 * (−1.71)	−3.38E−05 (−0.92)	−0.0080 (−0.24)	−5.73E−06 (−0.52)	−7.72E−05 (−0.22)
	Dual	0.0057 (0.78)	−1.52E−05 ** (−1.86)	5.29E−04 ** (2.10)	−3.52E−06 (−0.00)	2.68E−06 (0.35)	4.72E−04 * (1.91)
	State	0.0104 (1.36)	−1.3E−05 (−1.51)	−4.80E−05 * (−1.73)	−0.1155 *** (−6.00)	1.13E−05 * (1.73)	3.49E−04 * (1.68)
	Indu	—	—	—	—	—	—
	Year	—	—	—	—	—	—
N		6295	6295	6295	6295	6295	6295
R^2		0.0854	0.2607	0.2215	0.0822	0.1021	0.0990
Adjust R^2		0.0814	0.2573	0.2179	0.1525	0.1275	0.1317

　　进一步做如下稳健性检验：（1）更换政府补助变量，采用政府补助与总资产的比值进行衡量；（2）更换高管薪酬水平、高管经费支出水平变量，改用高管薪酬、高管经费支出与总资产的比值衡量；（3）更换可调节利润变量，改用可调节利润与总资产的比值衡量。重新检验以上模型，得到结论是，政府

补助会增加公司财务业绩和市场价值，但同时也导致了管理成本的增加；可调节利润在政府补助与管理成本之间起到中介作用，得到的结论与前面实证分析结果一致，验证了前文假设。由于篇幅限制，在此不做列示。因此，本书的实证结果是比较稳健的。

3.5 研究小结

3.5.1 研究结论

在考察了政府补助对企业绩效的作用以及对管理成本的影响，并进一步研究了导致管理成本增加的具体路径。研究发现：（1）政府补助能够提升企业的财务绩效和市场价值；（2）政府补助增加了管理成本；（3）发展速度较快的企业管理成本不高，这与企业发展阶段存在相关性，即处于快速上升阶段的企业一般创立时间较短，高管薪酬和其他管理支出一般不高，当企业处于成熟期时，管理者也必然取得与业绩相匹配的薪酬，与其相关的成本开支也会相应增加；（4）负债水平较低的企业管理成本较低，说明财务风险管控较好的企业整体管理水平较高，管理成本也能得到有效地控制；（5）大股东持股比例高或者存在国有股，有助于对企业管理者进行监督，可以避免高管追逐短期财务绩效；（6）企业管理成本的增加可能与盈余管理行为存在一定的关联性。该研究为委托代理理论提供了更加丰富的佐证，也为提高政府补助使用效率、降低企业管理成本提供了解决问题的有效路径。

3.5.2 研究启示

根据实证研究结论，可以得到如下启示：（1）政府对符合国家相关政策的企业进行补助是有必要的。不仅在政策方向是提供了指引，同时，提高了企业的财务绩效和市场绩效，向企业和资本市场传递了积极信号。（2）政府要建立严格的审核机制，规范补助的范围，保证补助的公平。平衡政府补助中的硬约束和软约束，既要严格又要具备一定的灵活性，充分发挥补助资金的使用效率。（3）从企业内部治理角度看，有效的权力约束与制衡机制是提高管理效率的有力保障。只有在高管权利与股东利益之间找到平衡点，才能避免企业发展受到高管自身局限性的影响，从更长远的全局视角规划企业的发展。

（4）完善高管薪酬设计。虽然高管一般均持有上市公司股份，但是持有量并不足以使高管利益与大股东利益以及公司发展相一致，高管仍过多关注短期财务绩效，忽视公司长期市场价值和未来发展空间。因此，应避免高管薪酬与财务业绩的单纯挂钩，建立更多维的薪酬评价体系才能从源头上提高管理效率。

（5）上市公司财务制度的完善是降低盈余管理的必要方式。建议通过内部监督和外部审计、监管使公司的财务行为更加透明，审计师应多关注盈余管理行为，审慎对待可调节利润，这不仅能够有效保障公司业绩回归真实，也是对全体股东利益的有效保障。

第4章

政府补助是否影响企业的成本费用黏性

政府补助是政府无偿划拨给企业的一部分资金，目的是通过提供补助来引导企业选择投资方向，最终实现"促投资，谋增长"。近几年来，获得政府补助的上市公司数量呈上升趋势，比例高达90%以上，而且补助资金也确实发挥了政策引领的作用，促进了上市公司财务绩效和市场绩效的提高。成本控制关系整个企业的运营效率和管理效率，随着企业规模的扩大，项目数量增多，一般管理成本也会相应增加，但如果增加幅度过大，则有可能意味着成本管理效率有待优化。因此，本章对具体成本问题进行深入研究，能够为提升政府补助资金的使用效率提供一定的借鉴，也能够为全社会节约成本提供思路。

采用企业成本的实际金额进行的研究占比较高，但是实际金额只是一个静态概念，不能够更有效地反映出成本变化情况及成本变化背后的原因。因此，本书采用成本黏性进行动态研究，结合了成本的具体变化方向和变化程度，从而更加细致地研究政府补助对企业成本黏性的影响，为优化政府补助使用效果提供实证支持。

关于成本费用黏性的形成原因，国内外学者主要是从契约观、效率观和机会主义观三个维度对其进行阐释（孙铮、刘浩，2004）。契约观是从长期契约的稳定性角度解释企业经理人员不愿意花费额外成本进行资源配置调整；效率观强调成本费用调整的有效性，即通过权衡契约调整成本和资源滞留成本来解释面对经营业务波动时，企业经理人员不会立即对资源配置进行调整的行为；机会主义观认为企业经理人员是对自身利益的风险规避，之所以产生费用黏性是因为面对经营业务的波动，经理人员将从薪酬和自身所能控制的资源两个角度考虑自身的利益。机会主义观是目前西方学者对费用黏性成因的主流解释。

而我国由于经济体制和经济发展阶段与西方国家不同，政府补助的目的、规模、作用效果等方面均存在较大差异，因此，与其有关的成本黏性也应该呈现出不同的态势。

4.1　政府补助与成本费用黏性的关系

成本黏性属于管理会计范畴，是指成本费用随业务量变化时出现的不对称性，表现为成本在业务量增加时的变化率大于在业务量减少时的变化率，即营业收入变动与成本费用变动呈现一种非对称关系。随着政府补助进入企业，可支配现金流的增加是否一定程度上会改变这种非对称关系的水平，本部分将对此进行实证研究。

4.1.1　文献综述与假设

最早研究黏性问题的是班克和约翰斯（Banker and Johnston，1993），他们研究发现，航空公司的费用增减与其收入变动并不完全保持相同的变化比例，而是表现为一种非对称性关系。安德森等（Anderson et al.，2003）分析了企业销售与管理费用对于销售收入变动的黏性特征，发现该费用在业务量上涨时的边际增加量大于在业务量下降时的边际减少量。孙铮和刘浩（2004）采用安德森的方法检验了中国上市公司的费用黏性情况，发现中国上市公司中也存在费用黏性现象。这些研究表明，成本费用与收入之间并不是简单的线性关系，而是成本费用的变动与收入增减的变动幅度并不一致，即营业收入变动与成本费用变动的非对称关系。

1. 政府补助与成本黏性

解释成本黏性特性存在的许多理论都是基于管理者因素开始并发展起来的（Cooper and Kaplan，1998）。成本黏性存在的一个基本前提就是管理者中止或重新选择供应商并需要重新订立资源供应合同以及进行经营调整。当产品需求下降时，管理者通常选择维持原有的资源供应，而不愿意马上采取行动去改变现有成本状况。因此，在公司的财务报告中就可能出现当公司收入下降时，成本并不成比例下降的情况。成本黏性涉及企业的营业成本，就会受到企业现有生产能力的制约。巴拉克里希南等（Balakrishnan et al.，2004）发现，一个生产能力达到最大的组织，成本黏性水平较高。这类公司往往在业务量增加时，就会发生提高目前生产能力的固定成本，因此成本会大幅度增加。而当业务量减少时，成本减少的幅度相对要小一些，所以这类企业的成本黏性水平就较高。当政府补助投入企业中，企业获得大量现金流进行资本投入，即政府补助可以通过提高企业全要素生产率、资产收益率以及销售利润率从而提高企业绩效（孔东民，2014），并且政府补助对处于成长期企业所产生的经济绩效最显著（周霞，2014）。成长期企业最大的特点就是需要大量的资本投入，这些增加的资本投资可能不会在企业营业收入下降时使营业成本同比例下降，从而造成成本黏性。而且，由于政府补助的投入，可能使得高管改变供应商或者进行经营调整，为成本黏性的产生提供了前提。基于此，本书提出假设4-1。

假设4-1：政府补助与成本黏性正相关，政府补助越多，成本黏性越大。

2. 政府补助与费用黏性

成本黏性主要和企业的生产相关，而费用黏性则主要受到调整成本和管理者代理问题等因素影响。安德森等（Anderson et al.，2003）指出，中国上市公司的费用黏性行为可能更多是由管理层的机会主义因素导致的。孙峥和刘浩（2004）亦指出，管理层机会主义是对费用黏性的主流解释。王明虎和席彦群（2011）深入研究了费用黏性的产生过程、前提条件和影响因素，他们的研究表明，现金流是费用黏性产生的前提条件。万寿义和王红军（2011）研究发现，制造业上市公司管理层行为和费用黏性程度存在正相关关系。陈等（Chen et al.，2012）也发现了代理问题与费用黏性之间的正相关关系。穆林娟等（2013）研究发现，管理者的扩张动机会增加公司的费用黏性，特别是在资本集中的公司，这种影响更加显著。大多数研究表明，代理问题是导致企业费用黏性的主要原因，这种现象可能是由企业管理层的短期行为引发的。政府补助的投入，一方面使得高管有充足的资金，从而在企业营业收入下降时不选择大幅度调整企业的费用水平；二是在两权分离的情况下，存在代理成本，可能会导致管理者和所有者存在利益周期不一致的现象，因此也会表现在对成本的管理上，即为费用黏性的产生创造了条件。基于此，本书提出假设4-2。

假设4-2：政府补助与费用黏性正相关，政府补助越多，费用黏性越大。

4.1.2　实证研究设计

1. 样本选择与数据来源

本研究以 2012～2016 年沪深两市上市公司中获得政府补助的公司为研究样本。对样本做如下筛选：（1）剔除了金融、保险、房地产行业的样本；（2）剔除了发行 B 股、H 股的样本；（3）剔除了 ST 和 *ST 状态的样本；（4）另外剔除了所需数据缺失或财务数据异常的样本。上市公司财务数据主要来自 CSMAR 数据库。为了消除异常值的影响，对数据进行了 Winsorize 处理，最终得到样本 1182 个，观察值总计为 5910 个。

2. 变量设定

（1）营业收入：用本年度营业收入表示公司本年度的收入。

（2）营业成本：用本年度营业成本表示公司本年度的成本。

（3）销管费用：本年度管理费用和销售费用之和。

（4）本期营业收入变化：公司本期营业收入小于上期营业收入，Stick 为 1；否则为 0。

（5）政府补助：用政府补助的实际数值除以营业收入的比值来衡量。

（6）Control 变量。控制变量包括三个代表公司经济特征的变量、一个代表宏观经济特征的变量，以及年度和行业的虚拟变量：资产密集度，用公司总资产与营业收入的比值表示。当销售量下降时，资产密集度较高的公司面临较高的处置自有实物资产的调整成本，从而会增强公司的成本黏性。员工密集度，用公司本期员工人数与营业收入的比值表示。当销售量下降时，对人力资本依赖度越高的公司面临越高的裁员调整成本，从而会增加公司的成本黏性。负债水平，用负债总额和营业收入的比值表示，负债程度较高的公司管理者更有可能利用财务杠杆增强公司的成本黏性。经济增长率，用地区各年国民生产总值的增长率表示。地区经济增长率越高，管理者可能越看好公司未来销售量的上升，由此会增强公司的成本黏性。行业与年份，按照证监会公布的行业分类标准，本书把全部样本观测值分成 16 类（金融类除外）。

具体变量设定如表 4 - 1 所示。

表 4 −1   变量说明

变量	简写	变量描述
营业收入	Sales	当期营业收入
营业成本	Cost	当期营业成本
销管费用	S&A	当期销售费用和管理费用之和
本期营业收入变化	Stick	公司本期营业收入小于上期营业收入，Stick =1；否则为0
政府补助	Subsidy	政府补助/营业收入
资产密集度	AI	公司总资产/营业收入
员工密集度	EI	员工人数/营业收入（百万元）
负债水平	Lev	负债总额/营业收入
经济增长率	ΔGDP	GDP 的增长率
行业虚拟变量	Ind	共设置15 个行业虚拟变量
年度虚拟变量	Year	共设置4 个年度虚拟变量

3. 模型构建

基于现有文献关于成本费用黏性影响因素的研究，本书采用 ABJ（ABJ，2003）模型研究样本的成本费用黏性程度。为了探究政府补助对成本费用黏性的影响，本书在 ABJ 基本模型中加入政府补助变量，并建立模型如下：

$$\log \frac{Cost_{i,t}}{Cost_{i,t-1}} = \beta_0 + \beta_1 \times \log \frac{Sales_{i,t}}{Sales_{i,t-1}} + \beta_2 \times Stick_{i,t} \times \log \frac{Sales_{i,t}}{Sales_{i,t-1}} + \beta_3$$

$$\times Stick_{i,t} \times \log \frac{Sales_{i,t}}{Sales_{i,t-1}} \times Subsidy + \beta_4 \times Subsidy + \sum_m \beta_m$$

$$\times Stick_{i,t} \times \log \frac{Sales_{i,t}}{Sales_{i,t-1}} \times Control_{m,i,t} + \sum_{m'} \beta_{m'} \times Control_{m',i,t}$$

$$+ \sum Year + \sum Ind + \varepsilon_{i,t} \tag{4.1}$$

$$m = 5, 6, 7, 8; \quad m' = 9, 10, 11, 12$$

$$\log \frac{S\&A_{i,t}}{S\&A_{i,t-1}} = \beta_0 + \beta_1 \times \log \frac{Sales_{i,t}}{Sales_{i,t-1}} + \beta_2 \times Stick_{i,t} \times \log \frac{Sales_{i,t}}{Sales_{i,t-1}} + \beta_3 \times Stick_{i,t}$$

$$\times \log \frac{Sales_{i,t}}{Sales_{i,t-1}} \times Subsidy + \beta_4 \times Subsidy + \sum_m \beta_m \times Stick_{i,t}$$

$$\times \log \frac{Sales_{i,t}}{Sales_{i,t-1}} \times Control_{m,i,t} + \sum_{m'} \beta_{m'} \times Control_{m',i,t} + \sum Year$$

$$+ \sum \text{Ind} + \varepsilon_{i,t} \qquad\qquad (4.2)$$

$m = 5$，6，7，8；$m' = 9$，10，11，12

模型（4.1）和模型（4.2）中，$\text{Cost}_{i,t}$代表第 i 家公司在第 t 年的营业成本；$\text{S\&A}_{i,t}$表示第 i 家公司在第 t 年的销管费用；$\text{Sales}_{i,t}$代表第 i 家公司第 t 年的营业收入；Stick 为虚拟变量，数值 1 表示第 t 年的营业收入小于第 t - 1 年，反之，取值为 0。当营业收入增加时，模型中虚拟变量取值为 0，从而$\beta_0 + \beta_1$表示成本费用对营业收入增加的变化幅度，即营业收入每增加 1%，成本增加$(\beta_0 + \beta_1)$%。在营业收入减少时，模型中虚拟变量的取值为 1，从而$\beta_0 + \beta_1 + \beta_2 + \beta_3 + \beta_m$表示成本对营业收入减少的变化幅度，即营业收入每减少 1%，成本减少$(\beta_0 + \beta_1 + \beta_2 + \beta_3 + \beta_m)$%。如果$(\beta_0 + \beta_1 + \beta_2 + \beta_3 + \beta_m) < (\beta_0 + \beta_1)$，即公司成本存在黏性，则有$\beta_2 + \beta_3 + \beta_m < 0$，其值越小，成本黏性越大。当$\beta_3$为负值时，政府补助越多，成本黏性越大。

4.1.3　实证检验结果

1. 描述性统计

表 4 - 2 是主要变量的描述统计，样本公司的营业成本约占营业收入的84.17%，销售费用和管理费用的总和占营业收入的 9.30%，表明成本费用在公司管理中的重要性地位。政府补助与营业收入的比值均值为 1.28%，但最大值却高达 62.3%，这个数值说明了政府补助的投入会对公司收入产生很大的影响，甚至有一部分公司靠政府补助才能实现较高的营业收入。资本密集度平均水平为 2.269，但是存在一部分公司资本密集度较高，当销售量下降时，这类公司将面临较高的处置自有实物资产的调整成本，从而有更高水平的成本费用黏性。员工密集度平均水平 0.000149，中位数与均值相近，但最大值较大。当销售量下降时，对人力资本依赖度越高的公司，面临越高的裁员调整成本，从而这类公司的成本费用黏性越会较高。负债水平的均值为 0.9869，最大值与最小值相差较大，较高的负债水平意味着较高的杠杆，会影响到公司的成本费用黏性。

表 4 - 2   主要变量描述性统计

变量	Obs	均值	标准差	中位数	最大值	最小值
Sales（百万元）	5910	7082.1615	23685.8155	2231.0510	629327.0900	36.0838
Cost（百万元）	5910	5961.4471	21008.5460	1653.4527	571377.5320	7.8349
S&A（百万元）	5910	658.6262	2084.3476	278.0230	63364.5562	12.1731
Subsidy	5910	0.0128	0.0238	0.0061	0.6230	0.00002
AI	5910	2.2692	2.7234	1.7593	120.8566	0.0945
EI	5910	0.000149	0.000119	0.000123	0.001883	0.000001
Lev	5910	0.9869	1.1938	0.7041	26.8771	0.0222

2. 模型检验结果

回归结果如表 4 - 3 所示。加入政府补助变量后的成本黏性模型中，政府补助变量的交互项不显著。这可能是由于营业成本是公司为生产产品、提供劳务等发生的可归属于产品成本、劳务成本等的费用，而政府补助的增加并没有导致营业成本变动与营业收入变动的非对称程度发生显著改变，即政府补助并没有影响到公司生产产品和提供劳务。这个结果表明，成本黏性和公司的生产密切相关，而与高管代理问题导致的具体行为关系不大，政府补助的增加对公司生产并无显著影响，假设 4 - 1 并不成立。在加入政府补助变量后的费用黏性模型中，政府补助变量的交互项在 0.05 水平上显著，且系数为负。这个结果证实了假设 4 - 2，回归结果符合预期。实证结果表明政府补助越多，公司费用黏性越强，由于费用黏性是引发公司代理成本的主要动因，这说明政府补助的增加确实增加了代理成本。总体来看，政府补助对公司费用黏性的影响更为显著，而对成本黏性无显著影响。这可能因为营业成本是公司生产经营必须投入的成本，政府补助的增加对公司整体生产领域的成本管控方式影响较小，而对公司费用的影响较大。

表 4 - 3   模型（4.1）、模型（4.2）的回归结果

变量	Cost	S&A
截距：β_0	-0.0052 （-1.13）	-0.0004 （-0.05）
Sales change：β_1	0.9862*** （134.86）	0.6057*** （44.47）

续表

变量	Cost	S&A
Stick × Sales change：β_2	0.1269 *** (5.62)	− 0.1762 *** (− 4.19)
Stick × Subsidy：β_3	− 0.4120 (− 1.22)	− 1.5690 ** (− 2.49)
Subsidy：β_4	− 0.0395 (− 1.36)	− 0.1399 *** (− 2.58)
Stick × AI：β_5	0.0178 *** (3.71)	0.0244 *** (2.73)
Stick × EI：β_6	− 0.0251 *** (− 3.48)	− 0.0206 (− 1.54)
Stick × Lev：β_7	− 0.0346 *** (− 3.97)	− 0.0647 *** (− 3.99)
Stick × ΔGDP：β_8	0.0809 *** (3.93)	0.0528 (1.38)
AI：β_9	− 0.0002 (− 0.37)	0.0014 * (1.89)
EI：β_{10}	10.5511 * (1.68)	24.1610 ** (2.06)
Lev：β_{11}	− 0.0005 (− 0.49)	− 0.0040 ** (− 2.20)
ΔGDP：β_{12}	− 0.0062 *** (− 4.22)	− 0.0208 *** (− 7.57)

注：***、**、*分别表示在1%、5%、10%水平上显著，括号中的数字表示双尾检验的t值。

4.2 政府补助影响费用黏性的机理研究

研究结果表明，政府补助的投入对公司费用黏性有着显著影响。接下来将从公司现金流和具体管理成本方面探究政府补助进入公司后，对公司费用黏性程度变动的影响机理。

4.2.1 文献综述与假设

本研究选择公司现金流、高管薪酬水平和高管经费支出水平三个替代变量探究政府补助导致公司成本费用黏性增加的原因。

1. 公司现金流

詹森（Jensen，1986）首先提出了现金流量假说，也称现金流量的代理成本理论。公司的现金流是指公司在会计年度内支付所有净现值大于零的项目后剩余的现金，它是反映公司内部代理问题的重要指标，也是影响管理者投资行为的重要因素。高管有动机将公司规模扩张至最优规模以上，这种动机会使得高管尽量利用公司自身的现金流进行投资，当现金流足够充足时，可能会进行超过现有需求的投资。政府通过对公司提供补助，使得公司拥有大量现金流。这种情况下，高管可能会忽略公司边界的约束、自身能力以及资源约束，过于追求公司规模，或者过多保留对公司生产暂时无用的资源，导致公司的资源配置未达到最优状态（Masulis R. W. et al.，2007），可能出现过高的成本增速和水平，加重公司费用黏性程度。

2. 高管薪酬水平

当高管薪酬与业绩挂钩时，作为"经济人"的高管为了实现高报酬会努力实现公司业绩，追求自身经济利益最大化（马慧敏，2013）。但是，我们发现现实中经常出现薪酬与业绩不联动的现象：上市公司发生亏损时，公司高管却依然取得可观的薪酬；上市公司高管薪酬增长速度远超过公司业绩的增长等。这说明，高管薪酬并不完全取决于公司盈利情况，还有其他重要因素对此构成影响，从而对费用黏性程度也产生影响。

3. 高管经费支出水平

衡量公司费用黏性采用的费用指标是销售费用和管理费用二者之和。按照我国企业会计准则（2006）的规定，销售费用是指企业销售商品和材料、提供劳务的过程中发生的各种费用；管理费用是指企业为组织和管理企业生产经营所发生的费用。由于政府补助对管理行为的影响更可能体现在费用中，因此相比较成本黏性来说，费用黏性应该是导致代理成本产生的更为主要的动因。管理费用中所占比重较大的费用项目有办公费、差旅费、业务招待费等费用，以及提取的坏账及存货跌价损失等，这些费用均与公司管理层代理行为密切相关（Ang et al.，2000；李寿喜，2007）。由于高管经费支出属于管理费用的一部分，其数值更能体现高管的代理问题，为了进一步研究政府补助影响公司费用黏性的机理，本书在研究销管费用黏性的基础上，通过将与高管行为更加相关的高管经费支出手动筛出，进一步研究政府补助与高管经费支出的费用黏性关系，并提出假设 4 - 3。

假设 4 - 3：代理问题是政府补助影响费用黏性的主要原因。

4.2.2　实证研究设计

1. 样本选择

本部分选择的样本与 4.1.2 内容相同，在此不再赘述。

2. 变量设定

（1）现金流：是对现金流量水平的衡量，参考了 1990 年汤姆·科普兰（Tom Copeland）教授提出的现金流量计算方法。为了消除公司规模对现金流量正负程度的影响，使现金流水平与资产结构偏离程度具有可比性，取现金流与流动资产之比，用于衡量现金流量水平，即：

$$现金流水平 = \frac{净利润 + 利息费用 + 非现金支出 - 营运资本追加 - 资本性支出}{流动资产}$$

$$(4.3)$$

（2）高管薪酬水平：本书认为高管是对公司经营有决策权的所有管理人员，即所有董事会、监事会、高级管理人员，而非仅前三名管理者。因此，采用高管平均薪酬与营业收入的比值作为公司高管薪酬水平变量，见模型（4.4）和模型（4.5）。

$$高管平均薪酬 = \frac{董事会、监事会、高级管理人员总薪酬}{董事会、监事会、高级管理人员总人数} \qquad (4.4)$$

$$高管薪酬水平 = \frac{高管平均薪酬}{营业收入} \qquad (4.5)$$

（3）高管经费支出水平：采用陈冬华等（2005）研究高管经费支出时选取的方法，从年报附注"管理费用"项目中手工筛选可能与公司高管人员高管经费支出有关的费用项目：办公费、差旅费、业务招待费、通信费、出国培训费、董事会费、小车费和会议费，这 8 项费用之和即为高管高管经费支出。用高管经费支出费用与营业收入的比值作为公司高管经费支出水平变量，见模型（4.6）。

高管经费支出水平 =

$$\frac{\text{办公费} + \text{差旅费} + \text{业务招待费} + \text{通信费} + \text{出国培训费} + \text{董事会费} + \text{小车费} + \text{会议费}}{\text{营业收入}}$$

$$(4.6)$$

具体变量设定如表 4 – 4 所示。

表 4 – 4 变量说明

变量	简写	变量描述
现金流	Fcf	现金流/营业收入
高管薪酬水平	Ceopay	董事会、监事会、高级管理人员的平均薪酬/营业收入
高管经费支出水平	Perk	当期办公费、业务招待费等8项费用之和/营业收入

3. 模型构建

为了探究政府补助对费用黏性影响机理，我们在 ABJ 基本模型中加入政府补助变量、现金流和高管薪酬水平，并建立模型（4.7）。

$$
\log \frac{S\&A_{i,t}}{S\&A_{i,t-1}} = \beta_0 + \beta_1 \times \log \frac{Sales_{i,t}}{Sales_{i,t-1}} + \beta_2 \times Stick_{i,t} \times \log \frac{Sales_{i,t}}{Sales_{i,t-1}} + \beta_3
$$

$$
\times Stick_{i,t} \times \log \frac{Sales_{i,t}}{Sales_{i,t-1}} \times Subsidy + \beta_4 \times Subsidy + \beta_5 \times Stick_{i,t}
$$

$$
\times \log \frac{Sales_{i,t}}{Sales_{i,t-1}} \times Fcf + \beta_6 \times Fcf + \beta_7 \times Stick_{i,t} \times \log \frac{Sales_{i,t}}{Sales_{i,t-1}}
$$

$$
\times Ceopay + \beta_8 \times Ceopay + \sum_n \beta_n \times Stick_{i,t} \times \log \frac{Sales_{i,t}}{Sales_{i,t-1}}
$$

$$
\times Control_{n,i,t} + \sum_{n'} \beta_{n'} \times Control_{n',i,t} + \sum Year + \sum Ind + \varepsilon_{i,t} \quad (4.7)
$$

$n = 9，10，11，12；n' = 13，14，15，16$

由于高管经费支出属于总费用的一部分，若将高管经费支出直接放入模型中，将产生共线性问题。此外，所选控制变量对高管经费支出水平的影响很小。因此，本书将独立研究政府补助对高管经费支出费用黏性的影响，并建立模型（4.8）。

$$
\log \frac{Perk_{i,t}}{Perk_{i,t-1}} = \beta_0 + \beta_1 \times \log \frac{Sales_{i,t}}{Sales_{i,t-1}} + \beta_2 \times Stick_{i,t} \times \log \frac{Sales_{i,t}}{Sales_{i,t-1}} + \beta_3
$$

$$
\times Stick_{i,t} \times \log \frac{Sales_{i,t}}{Sales_{i,t-1}} \times Subsidy + \beta_4 \times Subsidy + \sum Year + \sum Ind
$$

$$
+ \varepsilon_{i,t}
$$

$$(4.8)$$

4.2.3 实证检验结果

1. 描述性统计

表 4 - 5 是相关变量的描述性统计，呈现了获得政府补助的公司近 5 年的公司现金流、高管薪酬水平及高管经费支出水平的情况。现金流均值为营业收入的 3.67%，说明大部分样本公司现金流水平较高，最大值高达营业收入的 17.8993 倍。样本公司的高管薪酬约占营业收入的 0.2%，高管经费支出占营业收入的均值是 0.8%，是高管薪酬占营业收入均值的 4 倍，说明管理层的经费开支金额较高。

表 4 - 5 主要变量描述性统计

变量	Obs	均值	标准差	中位数	最大值	最小值
Fcf	5910	0.0367	0.4385	0.0301	17.8993	− 4.5941
Ceopay	5910	0.0002	0.0003	0.0001	0.0115	0.0000004
Perk	5910	0.0080	0.0091	0.0055	0.1906	0.00003

2. 实证结果

回归结果如表 4 - 6 所示。将代理问题变量加入模型之中，β_3 依旧为负值，说明政府补助会增加公司的费用黏性，并且在 0.05 的水平上显著，这与第二部分探讨的结果相一致。假设 4 - 3 提出，代理问题是政府补助影响费用黏性的中间变量。较高的现金流水平会对费用黏性产生显著的正向影响。含虚拟变量的现金流的交叉项系数 β_5 如果为负值，说明现金流对费用黏性起着正向的作用，所以，预期系数为负，回归结果与预期相符，且在 0.05 水平上显著。由于高管薪酬体现在管理费用当中，所以高管薪酬的增加会使得营业收入与费用变动的不一致性增强，即高管薪酬越多，公司费用黏性越大。实证结果显示，含虚拟变量的高管薪酬的交叉项系数 β_6 为负，虽然不在 0.1 水平上显著，但也仅有 11.3% 的例外情况。说明高管薪酬对费用黏性起着正向作用，即高管薪酬越多，公司费用黏性越大。实证结果表明，获得政府补助的公司，其现金流和高管薪酬都会相应增加，从而导致公司出现过高的成本水平和增速，加重成本费用黏性程度。

表 4 – 6 模型（4.7）的回归结果

变量	S&A
截距：β_0	−0.0013 (−0.15)
Sales change：β_1	0.6072*** (44.58)
Stick × Sales change：β_2	−0.1762*** (−4.17)
Stick × Subsidy：β_3	−1.4713** (−2.34)
Subsidy：β_4	−0.1194** (−2.20)
Stick × Fcf：β_5	−0.1096** (−2.54)
Fcf：β_6	−88.8882 (−1.59)
Stick × Ceopay：β_7	0.0033 (1.28)
Ceopay：β_8	−20.1568*** (−3.46)
Stick × AI：β_9	0.0318*** (3.13)
Stick × EI：β_{10}	−1.5609 (−1.12)
Stick × Lev：β_{11}	−0.0777*** (−4.52)
Stick × ΔGDP：β_{12}	0.0552 (1.42)
AI：β_{13}	0.0033*** (3.54)
EI：β_{14}	35.0477*** (2.92)
Lev：β_{15}	−0.0065*** (−3.33)
ΔGDP：β_{16}	−0.0208*** (−7.60)

注：***、**、* 分别表示在1%、5%、10%水平上显著，括号中的数字表示双尾检验的 t 值。

模型（4.8）的回归结果如表 4 – 7 所示。由于高管的经费支出与成本费用不同，它与公司资产密集度、员工密集度、宏观经济变化和公司负债水平相关性不大，控制变量结果均为不显著，因此未在表 4 – 7 列出。但是政府补助变量的交互项 β_3 在 0.05 的水平上显著，且系数为负。并且这种现象在获得政府补助后会有所增加，即高管经费支出的费用黏性增加。这个结果也证实了假设 4 - 3，实证结果符合预期。

表 4 - 7　　　　　　　　　　　　模型（4.8）的回归结果

变量	Perk
截距：β_0	0.0379 （1.13）
Sales change：β_1	1.2508 *** （22.30）
Stick × Sales change：β_2	-0.4158 *** （-3.45）
Stick × Subsidy：β_3	-6.3041 ** （-2.51）
Subsidy：β_4	-0.6181 *** （-2.87）

注：*** 、** 、* 分别表示在 1% 、5% 、10% 水平上显著，括号中的数字表示双尾检验的 t 值。

根据实证结果，公司现金流水平、高管薪酬水平和高管经费支出水平确实会导致公司费用黏性的增加，而政府补助的流入会加剧这些代理问题对费用黏性的影响。这也说明政府补助在帮助企业发展的同时，费用黏性程度增加，成本管控水平有待提高。

4.2.4　稳健性检验

在本研究年份区间，各个公司的员工人数不会有很大变化，而营业收入的变化幅度却相对较大。所以选择李粮（2013）衡量员工密集度的方法，即应付职工薪酬科目的期末余额与营业收入的比值，进行稳健性检验。结果如表 4 - 8 所示。

表 4 - 8　　　　　　　　　　　　稳健性检验回归结果

变量	Cost	S&A	S&A
截距：β_0	-0.0039036 （-0.86）	0.0013974 （0.17）	0.0013549 （0.16）
Sales change：β_1	0.9857997 *** （135.52）	0.6044576 *** （44.57）	0.6050425 *** （44.60）
Stick × Sales change：β_2	0.0777469 *** （3.47）	-0.2255961 *** （-5.40）	-0.21538 *** （-5.11）

变量	Cost	S&A	S&A
Stick × Subsidy：β_3	− 0.5610726 * (− 1.67)	− 1.700036 *** (− 2.71)	− 1.547172 ** (− 2.46)
Subsidy：β_4	− 0.0308971 (− 1.07)	− 0.1315195 ** (− 2.43)	− 0.1109154 ** (− 2.04)
Stick × Fcf：β_5			− 0.1187394 *** (2.76)
Fcf：β_6			0.002824 (1.08)
Stick × Ceopay：β_7			− 134.4966 ** (− 2.47)
Ceopay：β_8			− 18.35649 *** (− 3.19)
Stick × AI：β_9	0.0073966 (1.56)	0.0133239 (1.51)	0.025603 ** (2.52)
Stick × EI：β_{10}	2.133019 *** (6.28)	2.497945 *** (3.94)	2.661759 *** (4.17)
Stick × Lev：β_{11}	− 0.0498766 *** (− 5.68)	− 0.0806793 *** (− 4.92)	− 0.0977977 *** (− 5.66)
Stick × ΔGDP：β_{12}	0.0664885 *** (3.21)	0.0345969 (0.89)	0.0394259 (1.02)
AI：β_{13}	0.0000572 (0.15)	0.001768 ** (2.45)	0.0035548 *** (3.86)
EI：β_{14}	0.0295765 (1.07)	0.0976193 * (1.89)	0.1255808 ** (2.40)
Lev：β_{15}	− 0.0069875 *** (− 4.76)	− 0.0221175 *** (− 8.09)	− 0.0071107 *** (− 3.65)
ΔGDP：β_{16}	− 0.0009747 (− 1.01)	− 0.0047709 *** (− 2.65)	− 0.0224637 *** (− 8.22)

注：***、**、*分别表示在1%、5%、10%水平上显著，括号中的数字表示双尾检验的t值。

　　稳健性检验的结果同样表明，获得政府补助的公司费用黏性增加。相比于前文的实证结果，政府补助交互项的显著性增强，达到了0.01水平，说明改变员工密集度变量后，政府补助对公司费用黏性的影响更为显著。在表4-6中，高管薪酬交互项的结果未在0.1水平上显著，改变员工密集度变量后，达到了0.05水平上显著，均进一步证明了本书回归结果的稳健性。

4.3　公司治理对费用黏性的抑制作用

从研究结果可以得知，公司现金流水平、高管薪酬水平和高管经费支出水平与公司费用黏性呈现正相关，而政府补助的流入会加大这些代理问题对公司费用黏性的影响程度。为有效抑制管理层代理问题带来的费用黏性问题，公司应该改善治理环境和治理机制，通过约束高管的机会主义行为，缓解代理矛盾、降低公司的代理成本、提升代理效率，进而降低公司的费用黏性水平。接下来，将探究公司的治理行为对费用黏性的抑制作用。

4.3.1　文献综述与假设提出

谢获宝、惠丽丽（2014）将委托代理理论引入对成本黏性问题的研究，在控制了企业自身经济特征以及宏观经济周期性变化等因素后发现，代理问题是加重成本黏性程度的重要原因。陈等（Chen et al.，2012）发现，代理问题会引起费用黏性，在治理较弱的公司中费用黏性较大，因此他们提出加强公司治理可缓解由代理问题所导致的费用黏性问题，并且公司治理对于更有可能投资冗余的公司的成本黏性水平影响更强。公司治理是一个很广泛的概念，是影响公司管理行为的各方当事人与公司之间基于合约关系而形成的一种制度安排，而代理成本问题是公司治理要解决的基本问题之一，公司的内部治理结构和外部环境均会对代理成本产生影响（党印，2011）。王明虎和席彦群（2011）深入研究了费用黏性的产生过程、前提条件和影响因素。他们认为现金流是费用黏性产生的前提条件，而产权治理则是控制费用黏性的重要方式，因此他们提出要控制费用黏性，需要从控制现金流和改善产权治理入手。刘银国（2015）和方红星（2013）也发现，公司治理的监督和激励机制能够有效抑制企业高管利用现金流投资冗余。万寿义和王红军（2011）研究发现，制造业上市公司管理层行为和费用黏性程度存在正相关的关系，而两职分离和独立董事比例可有效地降低费用黏性。公司治理机制能够通过约束高管的机会主义行为，缓解代理矛盾、降低企业的代理成本、提升代理效率（姜付秀等，2009），有效抑制由代理问题引发的企业投资"羊群行为"，并且显著影响企业的短期绩效水平。公司治理水平较高的公司，经理人的行为受到制约，控股股东占用资金较少，盈余管理水平较低，从而导致较低程度的费用黏性。因而，笔者认为，针对代理问题引发的企业费用黏性加强问题，公司治理将起到一定的抑制作用。基于此，选择股权集中度、董事会规模、独立董事所占比例、CEO 是否兼职董事长、管理层持股比例、董事会会议次数及资产负债率 7 个变量作为衡量公司治理环境的代理变量。由于代理问题能够显著加重公司的费用黏性程度，那么在较强的公司治理环境中，公司费用变动的黏性程度偏离成本最优配置的幅度更小，即较强的公司治理环境必然能够显著降低费用黏性程度。进而，本书提出相关假设。

假设 4 - 4：较强的公司治理环境会弱化政府补助对费用黏性的影响。

4.3.2　实证研究设计

1. 样本选择和数据来源

本部分选用样本与 4.1.2 内容相同，在此不再赘述。

2. 变量设定

Govern 变量是公司治理变量，包括董事会会议次数、资产负债率、管理层持股比例、独立董事比例、董事会规模、两职合一、股权集中度 7 个变量，具体如下。

（1）董事会会议次数。董事会会议次数越多，董事们就有更多的时间交换意见、制定战略、监督管理层。因此，通过监督，可以在一定程度上抑制高管人员高管经费支出和投资冗余等行为，进而控制成本，降低成本黏性。因此，增加董事会会议次数是降低成本黏性行为的一条途径。

（2）资产负债率。一般认为，债务融资约束是对经理人治理的一种约束机制，但负债程度较高的公司，其管理者更有可能利用财务杠杆增加成本黏性。因此，资产负债率越高，费用黏性程度越大，从而降低资产负债率是降低成本黏性行为的一条途径。

（3）管理层持股比例。对经理人的治理既有约束机制又有激励机制，这种激励又可分为薪酬激励和股权激励，股权激励可以使得管理层更加关注公司的长期发展，进而抑制管理层的机会主义行为。因此，管理层持股比例越高，费用黏性会越低。

（4）独立董事比例。独立董事的规模刻画了董事会的独立性，独立董事所占比例越高，越有利于董事会形成公平正义的格局，其独立性也就越强，对管理者的监管也就越全面。因此，独立董事比例高可以减弱公司的成本黏性。

（5）董事会规模。董事会规模较大，不但容易产生"搭便车"的现象，而且会导致公司支付高昂的人力成本，这些成本通常在业务量下降时也无法削减，从而导致成本黏性增加。因此公司可以在权衡与比较的基础上，通过调整董事会规模改善成本黏性。

（6）两职合一。在公司治理机制中，董事会对经营管理者有监督职能，但是当董事长和总经理为同一人时，管理者拥有的权力就很大，更容易出现第二类代理问题。

（7）股权集中度。在股权较为集中的情况下，大股东的利益很大程度上受到经理人行为和决策的影响，因此当管理层偏离股东利益时，大股东会有所察觉并抑制管理层的不利行为。因此，大股东持股比例越高，对经理人的控制力越强，提高股权集中度是降低成本黏性的途径之一。

具体变量设定如表 4-9 所示。

表 4-9　　　　　　　　　　　　　　　　变量说明

变量	简写	变量描述
董事会会议次数	MT	当期董事会会议次数
资产负债率	Lev	当期总负债/总资产
管理层持股比例	Msh	管理层所持股票总数/总股本
独立董事比例	Ind	独立董事人数/董事会人数
董事会规模	Board	当期董事会人数
两职合一	Dual	当总经理与董事长兼任时为1；否则为0
股权集中度	Top	第一大股东持股比例

3. 模型设定

为了探究如何缓解政府补助对费用黏性的影响，逐一在 ABJ 基本模型中加入公司的相关治理变量进行回归检验，并建立模型如下式：

$$\log \frac{S\&A_{i,t}}{S\&A_{i,t-1}} = \beta_0 + \beta_1 \times \log \frac{Sales_{i,t}}{Sales_{i,t-1}} + \beta_2 \times Stick_{i,t} \times \log \frac{Sales_{i,t}}{Sales_{i,t-1}} + \sum_m \beta_m$$

$$\times Stick_{i,t} \times \log \frac{Sales_{i,t}}{Sales_{i,t-1}} \times Govern_{i,t} + \sum_{m'} \beta_{m'} \times Govern_{m',i,t}$$

$$+ \sum_n \beta_n \times Stick_{i,t} \times \log \frac{Sales_{i,t}}{Sales_{i,t-1}} \times Control_{n,i,t} + \sum_{n'} \beta_{n'}$$

$$\times Control_{n',i,t} + \sum Year + \sum Ind + \varepsilon_{i,t} \qquad (4.9)$$

$m = 3,5,7,9,11,13,15$；$m' = 4,6,8,10,12,14,16$；$n = 17,18,19,20$；$n' = 21,22,23,24$

费用黏性的结果用 $\beta_2 + \beta_3 + \beta_m + \beta_n$ 表示，如果交互项系数 β_m 显著时，则说明公司治理显著影响费用黏性程度。当 β_m 显著为正时，该治理指标会降低公司的费用黏性；当 β_m 显著为负时，该治理指标值会增加费用黏性。

4.3.3 实证检验结果

1. 描述性统计

表 4-10 为相关变量的描述性统计。第一大股东持股比例的均值为 34.8087%，最高达到 85.2318%，说明我国的企业第一大股东还是持有相当大的股份。高管持股比例约为 3.6814%，持股水平在公司间差距巨大，最高达到 54.86%。约有 40% 的公司存在两职合一。董事会人数的均值接近 9，其中独立董事约为 3 人。董事会会议次数均值为 9.5362、中值为 9，但最大值高达 39，最小值仅为 2，说明我国企业董事会的管理监督职能行使效果差距很大，治理水平也是参差不齐。资产负债率的均值为 45.55%，符合企业的一般水平。

表 4-10 主要变量描述性统计

变量	Obs	均值	标准差	中位数	最大值	最小值
MT	5910	9.5362	3.6169	9	39	2
Lev	5910	0.4555	0.1997	0.4483	1.5559	0.0102
Msh（%）	5910	3.6814	9.2966	0.0082	54.86	0
Ind（%）	5910	0.3700	0.0527	0.3333	0.7143	0.125
Board	5910	8.8266	1.7303	9	18	4
Dual	5910	0.2052	0.4039	0	1	0
Top（%）	5910	34.8087	14.9379	33.0259	85.2318	3.62

2. 模型检验结果

由表 4 - 11 可知，Stick × 董事会会议次数的系数 β_3 为 0.0156，在 1% 的置信水平上显著，与研究假设预期符号相同，说明随着董事会会议次数的增加，会抑制费用黏性程度，即能够约束管理层行为，降低费用黏性。Stick × 资产负债率的系数 β_5 为 - 0.7694，在 1% 的置信水平上显著，与研究假设预期符号一致，说明过多的债务会增加费用黏性程度，高管会利用负债杠杆效应来增加自身利益。Stick × 高管持股比例的系数 β_7 为 - 0.0023，与研究假设预期符号一致，但不显著，说明较高的管理层持股比例对费用黏性程度没有产生显著的抑制作用。Stick × 独立董事比例的系数 β_9 为 0.9298，在 1% 的置信水平上显著，与研究假设预期符号一致，说明较高的独立董事比例有利于约束管理层行为，降低费用黏性，即独立董事在公司决策中发挥了其独立性和应有的监督作用。Stick × 董事会规模的系数 β_{11} 为 - 0.0271，在 5% 的置信水平上显著，与研究假设预期符号一致，说明过大的董事会规模反而会增加费用黏性程度，即可能存在"花瓶董事"的不作为，董事会过多的人数并没有对管理层发挥应有的监督和制衡作用，反而导致了人员冗余，造成浪费。Stick × 两职合一的系数 β_{13} 为 - 0.0871，在 10% 的置信水平上显著且与研究假设预期符号一致，说明董事长与 CEO 两职合一会增加费用黏性。因此董事长与 CEO 两职分离将会增强董事长的独立性，能在一定程度上约束管理层的行为，降低费用黏性。Stick × 股权集中度的系数 β_{15} 为 - 0.0016，且不显著，说明较高的股权集中度对于抑制管理层不当行为、降低费用黏性所发挥的作用不明显。综上所述，实证结果验证了假设 4 - 4，公司治理的完善能够在一定程度上抑制政府补助对费用黏性的影响。

表 4 - 11　　　　　　　　　　　模型（4.9）回归结果

变量	MT	Lev	Msh	Ind	Board	Dual	Top
截距：β_0	0.0149* (-1.64)	0.0126 (1.39)	- 0.0046 (-0.55)	- 0.0005 (-0.04)	- 0.0051 (-0.50)	- 0.0029 (-0.34)	- 0.0034 (-0.38)
Sales change：β_1	0.6000*** (43.72)	0.6053*** (44.59)	0.5997*** (43.83)	0.6044*** (44.35)	0.6063*** (44.47)	0.6052*** (44.35)	0.6059*** (44.42)
Stick × Sales change：β_2	- 0.3263*** (-5.51)	0.1803** (2.51)	- 0.1761*** (-4.19)	- 0.5136*** (-3.84)	0.0543 (0.51)	- 0.1704*** (-4.01)	- 0.1264** (-2.01)

变量	MT	Lev	Msh	Ind	Board	Dual	Top
Stick × MT：β_3	0.0156*** (3.54)						
MT：β_4	0.0012*** (3.68)						
Stick × Lev：β_5		-0.7694*** (-6.33)					
Leve：β_6		-0.0389*** (-4.74)					
Stick × Msh：β_7			-0.0023 (-0.85)				
Msh：β_8			0.0005*** (4.28)				
Stick × Ind：β_9				0.9298*** (2.60)			
Ind：β_{10}				-0.0037 (-0.17)			
Stick × Board：β_{11}					-0.0271** (-2.44)		
Board：β_{12}					0.0003 (0.47)		
Stick × Dual：β_{13}						-0.0871* (-1.82)	
Dual：β_{14}						0.0007 (0.25)	
Stick × Top：β_{15}							-0.0016 (-1.22)
Top：β_{16}							0.0000 (0.16)
Stick × AI：β_{17}	0.0220** (2.48)	-0.0294** (-2.42)	0.0227*** (2.56)	0.0204** (2.29)	0.0205** (2.31)	0.0225** (2.54)	0.0208** (2.34)
Stick × EI：β_{18}	-2.3110* (-1.73)	-2.4507* (-1.83)	-2.5867* (-1.93)	-2.5614* (-1.91)	-2.4707* (-1.84)	-2.4510* (-1.83)	-2.4901* (-1.85)
Stick × Lev：β_{19}	-0.0785*** (-4.77)	0.0451* (1.93)	-0.0641*** (-3.97)	-0.0679*** (-4.20)	-0.0640*** (-3.96)	-0.0671*** (-4.16)	-0.0648*** (-4.01)
Stick × ΔGDP：β_{20}	0.0550 (1.44)	0.0526 (1.39)	0.0606 (1.59)	0.0579 (1.52)	0.0655* (1.72)	0.0541 (1.41)	0.0584 (1.53)

续表

变量	MT	Lev	Msh	Ind	Board	Dual	Top
AI：β_{21}	0.0017 ** (2.22)	−0.0008 (−0.85)	0.0012 (1.58)	0.0016 ** (2.12)	0.0016 ** (2.11)	0.0015 ** (1.98)	0.0015 ** (1.98)
EI：β_{22}	20.6216 * (1.78)	13.3945 (1.15)	20.0332 * (1.73)	18.9850 (1.63)	19.4787 * (1.68)	20.3363 * (1.75)	20.5885 * (1.76)
Lev：β_{23}	−0.0060 *** (−3.33)	0.0021 (0.90)	−0.0039 ** (−2.21)	−0.0051 *** (−2.85)	−0.0050 *** (−2.78)	−0.0047 *** (−2.65)	−0.0047 *** (−2.65)
ΔGDP：β_{24}	−0.0213 *** (−7.74)	−0.0217 *** (−7.92)	−0.0201 *** (−7.33)	−0.0207 *** (−7.54)	−0.0204 *** (−7.42)	−0.0208 *** (−7.57)	−0.0207 *** (−7.48)

注：*** 、** 、* 分别表示在1%、5%、10%水平上显著，括号中的数字表示双尾检验的t值。

4.4　研究小结

4.4.1　研究结论

在我国，为了促进企业良好运营，政府通常会在必要时给予上市公司一定数额的补助。近年来，九成以上的上市公司均能够获得政府补助。在政府补助资金促进企业发展的同时，补助资金的使用效率更值得深入研究。本章从成本费用控制的角度研究上市公司对政府补助的使用效率，采用上市公司的现金流水平、高管薪酬水平和高管经费支出等来考察补助资金对成本费用黏性的影响。此外，如果公司处于较强的治理环境，会一定程度上约束管理层的行为，进而影响成本黏性水平的变动。研究发现：（1）获得政府补助的上市公司存在成本黏性，且呈现正相关；相比于成本黏性，政府补助与公司费用黏性有着更强的正相关关系；（2）公司的现金流水平与费用黏性呈正相关；高管薪酬水平与费用黏性正相关；政府补助与高管经费支出黏性呈正相关；（3）较强的公司治理环境会弱化由于政府补助的导致的代理问题对于费用黏性水平的影响。因此，公司治理和内部控制的设计应考虑如何有效约束高管，并能够对其最优决策动机进行引导，只有这样才能真正提高公司费用管理水平，进而提高公司价值。

4.4.2 研究启示

政府补助旨在宏观层面稳定经济、维持就业，体现国家的政策导向，在微观层面帮助企业渡过难关、促进企业更好成长，因此，政府对符合国家相关政策的企业进行补助是合理的，而且也表现出了较好的引导、促进效果。但是大量资金的投入，可能会带来成本费用的增加，并且成本费用黏性水平也上升。此时，成本的使用效率问题成为更应关注的方面。为了高效发挥政府补助的作用，具体建议如下。

1. 政府的角度

第一，政府要建立严格的审核机制，规范补助的范围，保证补助的公平。首先要确保政府补助符合政策规定，确保财政支出的流程合法。其次，政府只能对政策范围内规定的项目进行补助，杜绝不合理政府补助和软约束政府补助。同时，在选择补助的上市公司、补助形式、补助金额以及补助程序上，都要按照明确的法律法规来执行，并且信息要公开透明化，政策制定也应当严格、谨慎，保证政府补助决策的公平，优化财政资源配置，使补助政策能真正起到鼓励和扶持作用。这将从源头上纠正企业高管使用政府补助的随意性，使补助资金有的放矢，杜绝高管徇私行为。

第二，要建立政府补助政策执行监管机制。政府提供补助后监管主要应体现为政府制度监督和资本市场对上市公司的信息披露监管。政府补助发放给企业之后，政府也要持续监控补助的使用情况，对于违规或欺诈行为，要及时发现，及时整治，维护社会的整体利益和长远利益，保护中小投资者的权益。同时也要强化媒体等外界对政府补助决策的监督，将补助放在阳光下，保证资源公正公平分配，提高资源配置效率。

第三，发挥政府补助的引领作用。虽然市场经济更倾向于企业根据市场发展规律和供求状况进行决策，但毕竟个体企业决策具有一定的滞后性，欠缺对国家整体发展趋势的宏观判断能力，也存在投资资金不充裕等问题，因此，国家进行有选择地补助行为有利于企业和整体经济的发展。但是补助不可能一直存在，只有培养企业拥有核心竞争力，政府通过宏观调控培育公平、公正、公开的外部市场环境，这样才能真正推动企业和资本市场的发展。

2. 公司层面

第一，加强监事会的监督作用。公司监事会属于股东大会的派出机构，与董事会和经理人保持独立，对公司董事、经理和其他高级管理人员依法履行职责的情况进行监督。独立董事在董事会中的占比一定程度上体现了董事会的独立性，只有真正发挥独立董事自身的专业能力和素养，才能为企业治理水平的优化发挥积极作用。所以，公司应考虑从监事会的组织框架（如把监事会直接领导内部审计委员会列为考虑范围）、监事会的合适人选、监事会的规模和年度内监事会的会议次数等方面加强监事会的监督作用，同时充分发挥独立董事声誉机制和激励机制，以保证监事会对于高管行为的监督质量和力度。

第二，进一步完善董事会治理。首先，企业应当确定适当合理的董事会规模。董事会的规模大小一定程度上可以衡量董事会结构是否合理，过小的董事会规模可能会抑制其监督制衡作用的发挥，过大的董事会规模则会降低沟通协调的效率，并导致决策滞后等消极影响。因此，确定合理的董事会规模（一般为 7~9 人）有利于董事成员专业决策能力的充分发挥。其次，高质高效地召开董事会会议。为了能够全面分析企业的经营状况以及做出合理的决策，需要召开董事会会议加以商讨。为避免频繁开会带来的会议流于形式以及董事成员在其位不谋其职，企业需要控制会议规模和次数，事先做好会议事项的安排，改进会议形式和内容，提高会议质量和效率，进而推进精简高效会议的制度化管理。最后，积极鼓励董事长和 CEO 两职分离的模式设置。虽然董事长与 CEO 两职合一有利于提高企业的决策效率，但却降低了董事会的独立性，导致董事会不能够充分发挥其对管理层的监督和制衡作用。因此，积极鼓励企业将董事长与 CEO 两职分离，有利于约束管理层的行为，进而降低费用黏性。

第三，建立健全经理人报酬激励机制。要解决委托—代理问题，企业对管理层进行激励和约束发挥着至关重要的作用。高管的报酬结构对其合理进行企业成本决策有着直接的激励作用，所以高管的薪酬必须与企业的经营效益直接挂钩。但是，目前大多数公司对管理层的激励表现为短期激励强而长期激励弱，容易导致管理层的机会主义行为。所以，企业还应当合理设计报酬契约，把管理层的利益与企业的利益联系在一起。比如，可以通过增加非货币性报酬在高管报酬总额中的比例，以使高管更加尽心尽力。此外，还要充分发挥薪酬与考核委员会的作用，通过经理人任职资格、薪酬政策、奖惩办法及考核标准的制定，以真正形成由董事会对经理人的激励和约束，改变经理人自我激励和约束的现状。值得注意的是，随着企业的不断发展和行业环境的变化，激励和约束机制也要随之进行更新，否则其对高管的激励和约束效果会随着机制的惯性而呈现效用递减趋势。

第四，合理设计制约和激励合同。企业设计适当合理的制约和激励合同十分重要，能够消除高管为了提高股东长期价值而进行资源投入对其报酬带来的不利影响，从而引导高管进行最优成本费用决策。所以，公司应同时考虑基于会计收入和费用支出的绩效评估系统，设计制约合同以减轻高管低效行为造成的成本费用黏性，设计激励合同以增强经理人最优决策动机引致的成本费用黏性，以有效引导经理人成本费用管理行为，创造企业长期价值。

第 5 章

政府补助是否影响企业的盈余管理水平

政府补助是企业从政府无偿取得货币性资产或非货币性资产，但不包括政府作为企业所有者投入的资本。其目的是通过培养具有高竞争力和有潜力的企业，从而达到扶持地方经济发展的目的，又或是为了维持当地的经济社会稳定而挽救濒临财务困境的企业。大量补助资金投入企业带动投资的同时，也必然会对企业绩效带来影响，研究结果表明政府补助确实增加了企业财务绩效和市场绩效，不过在增效的同时，管理成本也有所增加，并且成本的增加与盈余管理存在一定的关系。

为了进一步深入分析问题，本章将从盈余管理方式切入研究。企业盈余管理分为应计盈余管理和真实盈余管理，其中应计项目盈余管理是指在会计准则范围内，通过会计政策选择和会计估计变更调节企业的真实业绩。应计盈余管理不会改变企业的现金流量，但因为应计项目容易导致会计利润和经营活动现金流之间出现较大差异，从而容易被审计师和监管部门察觉。真实盈余管理则是通过改变经营、投资或筹资交易的时间或结构来影响当期盈余。

首先从全行业出发，研究上市公司使用政府补助的过程中存在哪种盈余管理方式，具体选择的是应计盈余管理还是真实盈余管理。在此基础上，为了更加有的放矢，对特定行业上市公司采取的盈余管理方式进一步研究，选择了具有典型意义的信息技术行业与医药行业，研究其采用的具体盈余管理方式。由于这两个行业均为高技术产业，是国家政府补助资金重点引导产业，而且企业研发投入占比较高，可能存在利用研发支出资本化、费用化会计处理进行盈余管理。所以，通过检验此种盈余管理方式与政府补助的关系。

主要研究贡献可能体现在：（1）已有文献大多验证的是企业通过盈余管理调节利润，而本章的研究重点在于研究企业获得政府补助后盈余管理的具体方式。（2）大多数文献对政府补助与盈余管理的研究都是基于全行业数据，而本章进一步细化研究信息技术行业和医药行业的盈余管理方式与政府补助间的关系，实证结果对比明显，更能说明问题，为优化公司治理、财务风险审计等提供了新的思路。

5.1　盈余管理概述

5.1.1　盈余管理的概念界定

盈余管理，指管理层在遵循会计准则的基础上，利用会计处理方法选择中的灵活性，通过对财务信息进行控制或调整，达到公司利益最大化的行为。盈余管理作为一种"披露管理"的方式，其不仅是指对利润表中会计利润进行的调节，同时也传递了管理层对未来现金流量的认识。

1. 盈余管理的主体

盈余管理主体一般是管理层，主要指董事会和高管等公司的核心管理人员。因为一个企业财务处理上不论是会计方法的选择、运用、处理时点、会计估计及会计政策的变动，还是交易事项发生时点的控制，都由核心管理人员控制。财务人员虽然也在其中起到一定作用，但不具备决策权。由于信息不对称等原因，公司管理层可以利用自身掌控的信息，出于多重原因进行盈余管理。

2. 盈余管理的客体

盈余管理的客体主要是公认的会计政策和会计估计以及其作用下的对外披露的财务报告。此外，会计确认时点的选择也是盈余管理的主要对象之一。会计政策是从时间和空间两个维度对经济事项进行确认计量和报告，其中空间维度主要指会计方法和会计估计等，时间因素主要指交易事项发生时点和会计方法的运用时点。

5.1.2　盈余管理的种类

在会计领域里，从权责发生制和是否对现金流量产生影响的角度，通常将盈余管理行为分为两种：一种是以权责发生制为基础确认计量的已实现但未影响企业现金流的盈余管理行为；另一种是企业当期已实现并且对公司的现金流产生影响的盈余管理行为。因此，盈余管理可以根据是否影响公司现金流，分为应计盈余管理和真实盈余管理。

1. 应计盈余管理

应计盈余管理是最早出现的盈余管理方式，其是指管理层利用会计政策调整可调节性的应计利润美化公司财务报告。学者德肖和斯金纳（Dechow and Skinner，2000）认为，应计盈余管理行为是指通过选择不同的会计政策改变企业真实的经济活动，其目的在于引导那些以公司的财务状况、经营成果和现金流量等会计信息为基础进行决策的利益相关者做出符合管理层利益的决策，或者影响那些以会计报告数字为基础的契约后果。

在会计信息形成的过程中，企业拥有一定的自主选择权，管理者可以选择使用哪种会计政策以带来相应的财务效果。这就给管理层美化报表提供了的空间。应计盈余管理方式主要包括：（1）调整会计处理方法，如调整固定资产的折旧方法；（2）变更会计政策，如变更资产减值准备与坏账准备的计提政策；（3）变更收入费用确认条件等。由此可以看出，应计盈余管理是公司控制人使用会计政策的选择权，使会计报告达到所期望的水平，以模糊其真实经济活动的行为，只要会计准则中存在需要管理层进行主观判断的政策，则应计盈余管理不可避免。随着会计准则、监管环境以及第三方事务所审计水平的提高，企业通过调节应计项目进行盈余管理的可能性已经被大大降低，但其普遍存在性依然不能被否认。

2. 真实盈余管理

真实盈余管理是指管理层通过调整真实经济交易事件的发生时间、规模等调节利润的行为。学者罗伊乔杜里（Roychowdhury，2006）提出，真实盈余管理是管理层为了增加报告盈余而采取的真实的交易行为，尽管这项交易行为很有可能偏离了企业的经营目标甚至会损害企业的一部分利益。

真实盈余管理可以存在于从生产经营到对外披露中的任何一个环节，例如，筹资决策、生产经营决策、投资决策等都会影响企业某一会计期间的盈利情况。主要的真实盈余管理途径包括调节生产成本，调节销售时间、销售价格及非流动资产处置时点等。真实盈余管理行为能够真实地改变企业现金流量，但根据学术研究，这种行为通常不能长久提升公司价值。真实盈余管理其自身具有极强的隐蔽性和灵活性，因此不容易被外部投资者和独立的第三方审计识别，相比应计盈余管理而言，企业更倾向于采用真实盈余管理方式进行利润调节。

5.1.3 盈余管理的动机

盈余管理实际上是一个中性概念，并不存在绝对的负面意义，也并不违法违规。如果企业采用适度的盈余管理，平滑企业利润，或者通过调节收入、成本的确认时点，给企业发展留存空间，保持财务弹性和风险抵抗能力，这类盈余管理对企业并没有损害，甚至有助于企业保持稳步增长。但是，由于现代公司制企业中经营权和所有权分离导致代理问题接踵而至，公司的实际控股股东并非是企业的经营管理者，股东希望在成本最少的前提下，得到更大的财富报酬，而管理层则希望在提高股东财富的同时可以得到更多的其他利益，为了解决两者之间的矛盾，激励机制应运而生。激励机制将管理层所获得的报酬同企业业绩挂钩，从而给予管理层动力使得其为实现股东财富最大化而努力奋斗，该机制的诞生原本是为了解决所有者和经营者之间的委托代理问题，从而使企业良性发展，但其同时也可能带来管理层的道德危机和逆向选择问题，反而损害企业的长远利益。

盈余管理的具体目的主要包括，融资与再融资、合理避税、ST 脱帽以及"存余粮"。

1. 融资与再融资

企业进行融资的主要途径一般为首次公开发行股票（IPO）和包括配股、增发、可转债等在内的再融资，但是这两种融资途径都有严格的业绩要求。注册制改革之前，对于 IPO 企业，在上会前一年，如果创业板不满足 3000 万元净利润、主板不满足 5000 万元净利润的审核要求，其过会率会极低。虽然创业板和科创板已经实施注册制，但盈利指标依然是公司实现成功发行股票的重要因素。对于想要通过再融资途径筹集资金的企业来说，以公开发行为例，其至少满足最近三个会计年度连续盈利、最近 24 个月内曾公告发行证券的，不存在发行当年营业利润比上年下降 50% 以上以及最近三年以现金方式累计分配利润不少于最近三年实现的年均可分配利润的 30% 等条件。因此，不满足以上条件的企业可能选择采取盈余管理行为，美化企业的财务报表，以便顺利取得融资资格。除此之外，经过盈余管理调整后的报表，可以吸引更多投资者，增加其投资信心，对提高股价以及再融资配股额大有助益。

2. 合理避税

通常来讲，企业会在所需缴纳的众多税种中选择企业所得税来进行合理的税务规避。而合理避税是指在不违背会计准则和税法的情况下，利用我国相关税收优惠政策以及税法中的企业可自主选择空间调整纳税时点或者金额，而这种行为本质上就是一种盈余管理行为。从企业角度来说，此种盈余管理可以在一定程度上节约税款，或者延后税款缴纳时点，能够为企业增加现金流。

3. ST 脱帽

上市公司通过资本市场融资获得了更多的发展机会，但是世事无常，公司的发展很难一帆风顺，宏观经济下行、行业政策改变、不可抗力等外界因素以及公司管理层的决策失误等都会直接作用在公司业绩上，而有些情况下公司的报表利润也许在短时间内难以逆转，一旦连续两年亏损，就会被戴上带有退市警示的特别处理（ST）或特别转让（PT）的"帽子"，而连续三年亏损则会被终止上市。所以为了避免这一情况的发生，部分公司会采取盈余管理方式调节实际经营亏损状况，以增强投资者以及银行等金融机构对企业未来发展的信心，毕竟资金是企业发展的源动力，一旦融资困难，就很难再有翻身的机会。

4. "存余粮"

基于委托代理理论和激励措施，目标业绩是否完成直接影响管理者的薪酬和奖金，所以，处于快速发展的上市公司在已经完成既定目标的前提下，为了保证未来目标业绩完成的可持续性，会选择进行负向的盈余管理，为下一会计期间打下提前量。对于管理层而言，"家有余粮，心里不慌"，对起伏过大的利润进行调节，将其延缓至下一会计年度，可以缓解公司发展的业绩压力，并且，对于股东和外部投资者而言，相对于开始突飞猛进而后续乏力，持续稳定增长才是投资者最希望看到的公司发展态势。

5.2　理论分析与研究假设

对企业而言，政府补助无疑是对企业发展的巨大资金支持。所以企业都想通过各种方式取得政府补助以帮助企业更好发展。王红建等（2014）在研究中发现，企业在金融危机背景下为了获得更多的政府补助，更可能会选择进行负向盈余管理活动。企业为了获得政府补助会使用各种方法，那么在获得政府补助后又是否会把政府补助真正地落到实处呢？政府补助发放到企业之后，政府部门的有效监管具有重要作用。但管理层可能会由于短期绩效的考虑或者满足监管要求而进行盈余管理。现有学者的研究一般都只针对应计盈余管理，欠缺对盈余管理和政府补助更全面深入的研究。而管理层在选择应计盈余管理或者真实盈余管理时各有倾向，因为管理层的出发点不同，两者的财务后果也存在较大差异。那么上市公司更倾向于选择那种盈余管理方式呢？基于此，本书提出以下假设。

假设 5 - 1a：上市公司获得的政府补助与应计盈余管理水平正相关。

假设 5 - 1b：上市公司获得的政府补助与真实盈余管理水平正相关。

5.3 研究设计

5.3.1 样本选取与数据来源

研究上市公司政府补助与盈余管理关系中，以 2012 ~ 2016 年沪深 A 股上市公司为样本，对数据进行了如下处理：（1）剔除金融、保险和房地产行业的样本，因为这几类公司的会计核算和财务特征存在特殊性，可能会对结果产生异常影响；（2）剔除 ST 和 *ST 状态的样本，因为这两类上市公司属于财务困境公司，可能会对结果产生异常影响；（3）剔除所需数据缺失的样本。上市公司财务数据主要来自 CSMAR 数据库。在对数据缺失的样本进行剔除之后，为了消除异常值的影响，以政府补助变量为基础对所有数据在 1% 和 99% 分位上进行了 Winsorize 处理，最终得到观测值 6295 个。使用的计量分析软件是 Stata 14.0。

5.3.2 变量定义与度量

1. 政府补助

政府补助的衡量指标是政府补助金额与主营业务收入的相对值。对政府补助的度量目前主要有两种方式：一种是以相对值指标来衡量，如陈晓等（2001）、邹彩芬等（2006）、张继袖等（2007）用政府补助金额除以利润总额、总资产或销售收入，蒋艳等（2013）用虚拟变量表达政府补助与总资产比值与均值的关系；另一种是用绝对值指标衡量，如步丹璐等（2014）采用的是上市公司披露的"营业外收入"中"政府补助"项目的具体金额，而且就软约束和硬约束补助做了区分。本章在综合考虑已有研究的基础上，采用CSMAR 数据库中披露的营业外收入项目，并根据补助项目的明细情况进行手工筛选，包括上市公司年报中披露的政府奖励、财政拨款、财政贴息、税收返还及减免等项目。为消除公司规模的影响，采用政府补助的实际数除以主营业务收入的比值衡量，同时采用政府补助与总资产的比值用于稳健性测试。

2. 被解释变量

盈余管理活动主要分为应计盈余管理（DA）和真实盈余管理（EM）。其中应计盈余管理采用可调节利润衡量。对于应计盈余管理，学术上存在基本琼斯模型、修正琼斯模型等常用的截面调节性应计利润模型。黄梅和夏新平（2009）的测试结果表明，分年度分行业回归的截面修正琼斯模型在模型设定和盈余管理的检验能力方面表现更佳。因此，本书采用分年度、分行业回归的截面修正琼斯模型进行可调节利润的实证研究，并用还原的可调节利润与主营业务收入的比值衡量。

$$TA_{i,t} = NI_{i,t} - CFO_{i,t} \tag{5.1}$$

$$\frac{TA_{i,t}}{A_{i,t-1}} = \beta_1 \frac{1}{A_{i,t-1}} + \beta_2 \frac{\Delta REV_{i,t} - \Delta REC_{i,t}}{A_{i,t-1}} + \beta_3 \frac{PPE_{i,t}}{A_{i,t-1}} + \varepsilon \tag{5.2}$$

$$\frac{NDA_{i,t}}{A_{i,t-1}} = \beta_1 \frac{1}{A_{i,t-1}} + \beta_2 \frac{\Delta REV_{i,t} - \Delta REC_{i,t}}{A_{i,t-1}} + \beta_3 \frac{PPE_{i,t}}{A_{i,t-1}} \tag{5.3}$$

$$DA_{i,t} = \frac{TA_{i,t}}{A_{i,t-1}} - NDA_{i,t} \tag{5.4}$$

模型（5.1）~模型（5.4）中，$TA_{i,t}$为总应计利润；$NI_{i,t}$为第 t 年的净利润；$CFO_{i,t}$为第 t 年经营活动净现金流量；$A_{i,t-1}$为期初总资产；$\Delta REV_{i,t}$为销售收入变动，等于本年度销售收入 – 上一年度销售收入；$\Delta REC_{i,t}$为应收账款变动，等于本年度应收账款 – 上一年度应收账款；$PPE_{i,t}$为当期固定资产净值；$NDA_{i,t}$为非可调节性应计利润；$DA_{i,t}$是可调节性应计利润，由总应计利润减去非可调节性应计利润得到，即模型（5.2）中的残差项。为了保持变量标准化的一致性，在模型（5.4）得出 $DA_{i,t}$ 的基础上乘以期初总资产进行还原后再除以当期主营业务收入，得到下文回归模型中的变量 DA。

对于真实盈余管理，本章采用罗伊乔杜里（Roychowdhury，2006）计算的真实盈余管理模型，从销售活动、生产活动和费用管理三方面衡量真实盈余管理，以各项活动产生的偏离正常水平的费用异常值来代表真实盈余管理程度。采用如下模型计算：

$$\frac{CFO_{i,t}}{A_{i,t-1}} = \beta_0 + \beta_1 \frac{1}{A_{i,t-1}} + \beta_2 \frac{S_{i,t}}{A_{i,t-1}} + \beta_3 \frac{\Delta S_{i,t}}{A_{i,t-1}} + \varepsilon_1 \tag{5.5}$$

$$\frac{PROD_{i,t}}{A_{i,t-1}} = \beta_0 + \beta_1 \frac{1}{A_{i,t-1}} + \beta_2 \frac{S_{i,t}}{A_{i,t-1}} + \beta_3 \frac{\Delta S_{i,t}}{A_{i,T-1}} + \beta_4 \frac{\Delta S_{i,t-1}}{A_{i,t-1}} + \varepsilon_2 \tag{5.6}$$

$$\frac{DISX_{i,t}}{A_{i,t-1}} = \beta_0 + \beta_1 \frac{1}{A_{i,t-1}} + \beta_2 \frac{S_{i,t-1}}{A_{i,t-1}} + \varepsilon_3 \tag{5.7}$$

模型（5.5）~模型（5.7）中，CFO_t 代表企业当期的经营活动现金净流量；$PROD_t$ 表示企业当期的营业成本与当期存货的变动额的合计数；$DISX_{i,t}$ 为企业当期的销售费用与管理费用二者之和；$A_{i,t-1}$ 为上期期末资产总额；$S_{i,t}$ 为当期营业收入；$\Delta S_{i,t}$ 为当期营业收入的变动额；$\Delta S_{i,t-1}$ 为上年营业收入的变动额。上述的 3 个模型能够分别计算出相应的 3 组残差项，即为构建真实盈余管理指标所需的异常产品成本（ABPROD）、异常经营活动现金流（ABCFO）、异常操控费用（ABDISX）。最后，建立一个能够综合反映真实盈余管理程度的指标即式（5.8）。

$$EM = ABPROD - ABCFO - ABDISX \tag{5.8}$$

3. 控制变量

由于企业自身的规模、状况等在一定程度上会影响对补助资金的使用，因此借鉴已有的相关研究，在模型中引入了以下控制变量：总资产收益率，表示公司业绩，为净利润和总资产的比值；公司规模，等于期末总资产的自然对数；公司成长性，等于营业收入增长率；资本结构，即资产负债率，等于期末总负债与期末总资产的比值；股权集中度，等于第一大股东持股比例；高管持股比例，等于管理层的总持股比例；总经理与董事长是否两职合一，当总经理与董事长兼任时取 1，否则取 0；股权性质，区分为国有控股和非国有控股，取 1 代表国有公司，取 0 表示非国有公司。除此之外，引入行业和年度虚拟变量对行业和年度进行控制。

5.3.3　模型设计

构建模型（5.9）验证政府补助与应计盈余管理之间的关系（假设 5 -
1a），具体模型如下：

$$DA = \beta_0 + \beta_1 Subsidy + \beta_2 Roa + \beta_3 Size + \beta_4 Growth + \beta_5 Lev + \beta_6 Shr + \beta_7 Mshr$$
$$+ \beta_8 Dual + \beta_9 State + \Sigma Year + \Sigma Indu + \varepsilon \qquad (5.9)$$

构建模型（5.10）验证政府补助与真实盈余管理之间的关系（假设 5 -
1b），具体模型如下：

$$EM = \beta_0 + \beta_1 Subsidy + \beta_2 Roa + \beta_3 Size + \beta_4 Growth + \beta_5 Lev + \beta_6 Shr + \beta_7 Mshr$$
$$+ \beta_8 Dual + \beta_9 State + \Sigma Year + \Sigma Indu + \varepsilon \qquad (5.10)$$

5.4　实证结果及分析

回归结果如表 5 - 1 所示。可以看出，上市公司政府补助与应计盈余管理
水平在 1% 的水平上呈显著正相关关系，假设 5 - 1a 成立；与真实盈余管理不
相关，假设 5 - 1b 不成立。由此可知，上市公司获得的政府补助会在一定程度
上增加应计盈余管理。与此同时，在控制变量方面，应计盈余管理水平与总资
产收益率、公司规模也呈显著正相关关系，说明总资产收益率和公司规模都会
影响应计盈余管理水平，总资产收益率越高，其可调节的利润空间越大，进行
盈余管理的可能性越大；而公司规模大小也会对其获得的政府补助产生影响，
从而进一步影响公司应计盈余管理水平。但是与公司治理相关的变量如股权集
中度、大股东持股比例、是否两职合一、国有股等在模型（5.9）中均未通过
检验，这表明应计盈余管理并非由这些显性公司治理结构决定的，可能有更深
层的隐形影响因素存在。而在模型（5.10）中，虽然政府补助与真实盈余管
理的关系不显著，但是控制变量 "股权性质" 通过了显著性检验，结果表明
国有股控制的上市公司可能存在更多的真实盈余管理，但结合 Roa 的系数分
析，此种现象主要体现在经营业绩较差的公司中，经营业绩良好的国有控股公
司管理规范，内部控制严格，此种现象并不显著。

表5-1 上市公司政府补助与盈余管理回归结果

被解释变量		DA	EM
解释变量	Subsidy	0.633 *** (5.02)	0.196 (1.46)
控制变量	Roa	1.100 *** (17.20)	-2.088 *** (-32.55)
	Size	0.019 ** (2.41)	-0.011 (-1.40)
	Growth	-0.001 (-0.11)	-0.004 (-0.45)
	Lev	-0.017 (-0.87)	0.032 * (1.66)
	Mshr	0.009 (0.90)	0.019 * (1.87)
	Shr	0.002 (0.12)	-0.012 (-0.57)
	State	0.010 (1.36)	0.016 ** (2.19)
	Dual	0.006 (0.78)	-0.019 (-2.66)
	Industry	—	—
	Year	—	—
N		6295	6295
R^2		0.085	0.250
Adjust R^2		0.081	0.247

注：***、**、*分别表示在1%、5%、10%水平上显著，括号中的数字表示双尾检验的t值。

在这一步我们验证了假设5-1a成立，政府补助与应计盈余管理正相关，即上市公司在获得政府补助后进行盈余管理更倾向采用应计盈余管理，主要原因可能在于采用应计盈余管理相比真实盈余管理所耗费的成本较小，真实盈余管理需要通过构造真实的交易活动来达到控制盈余的目的，而应计盈余管理更多的是通过对会计准则政策的选择来调节真实盈余。因此管理层更倾向于采用应计盈余管理的方式，而且获得的政府补助越多，采用该方式进行盈余管理的可能性越高。为了进一步研究代表性行业采用的具体应计盈余管理方式是否相同，下文选择信息技术行业与医药行业，对这两个在研发投入较多的行业进行深入分析，探讨其具体采用的应计盈余管理方式——研发支出资本化与政府补助之间的相关性。

5.5　进一步研究

在当前中国经济寻求转型发展的环境背景下，政府加大对各行业的科研创新扶持和补助力度，以加速经济的快速发展与转型。但是在具体执行过程中，由于创新投入大、研发周期长、成果转化也存在较多不确定性，因此在使用政府补助资金的过程中，可能存在管理层为了达到考核标准、满足投资人需求、追求报表利润增长等复杂原因而进行应计盈余管理行为。上文的研究表明，获得政府补助的上市公司更倾向于选择应计盈余管理调节财务报表。应计盈余管理的方式很多，但对于高技术类公司而言，由于会计准则对研发支出是否资本化的界定很难量化，导致对研发支出资本化的确认标准选择存在较大自主空间，是常出现盈余管理的项目，所以本书选择研发支出资本化方式对盈余管理问题进行具体分析。

目前而言，有关研发支出的会计处理存在的问题主要包括：（1）对于研究阶段和开发阶段的划分，准则没有给出一个特别明确的界定标准。在会计实务中，需要财务人员根据实际情况定夺，在这种人为因素影响下做出的决策总是带有主观色彩，这种主观必然会带来因人而异的结果。（2）在财务报告中并没有明确关于研发支出的披露要求，这就会造成企业在披露过程中或多或少地减少披露内容，使得利益相关人员以及监管部门无法确定研发支出的会计处理是否恰当。因此，研发支出较多的企业使用研发支出资本化这种方式进行盈余管理具有较强的隐蔽性，不易被发觉。基于此，本书重点选取了研发投入较多、更有可能使用研发支出资本化方式的信息技术行业和医药行业，进行政府补助与研发支出资本化这种盈余管理方式的具体分析。

5.5.1　基于行业的盈余管理分析

在研究了全行业的政府补助与盈余管理的关系，得出了全行业的上市公司政府补助与应计盈余管理呈正相关关系，而与真实盈余管理之间的关系不显著的结论。为了能更准确地得到信息技术行业与医药行业政府补助与研发支出资本化之间的关系，首先检验这两个特定行业政府补助与应计盈余管理间的正相关关系是否成立，然后再检验是否使用了研发支出资本化的方式进行盈余管理。本部分研究选取了 2012～2016 年沪深 A 股信息技术行业、医药行业公司为样本，并对样本进行了如下筛选：剔除了数据缺失的样本以及 ST 和 *ST 状态的样本，并以政府补助变量为基础对所有数据在 1% 和 99% 分位上进行了 Winsorize 处理，在此基础上对总资产收益率、营业收入增长率极大值极小值进行手动剔除，以消除异常值的影响，最终得到信息技术行业观测值 960 个，医药行业观测值 535 个。

模型（5.9）的回归结果中，股权集中度和总经理与董事长是否两职合一这两个控制变量与应计盈余管理不相关，基于此，在这里分析具体行业的实证模型时，就在第一步全行业回归模型（5.9）的基础上去除了这两个实证检验效果不好的控制变量，即去除股权集中度和总经理与董事长是否两职合一，具体实证检验结果如表 5-2 所示。

表 5-2　　　　　信息技术行业、医药行业政府补助与 DA 回归结果

被解释变量		信息技术行业 DA	医药行业 DA
解释变量	Subsidy	0.207 *** (3.35)	0.523 *** (2.82)
控制变量	Roa	-0.146 *** (-6.34)	-0.032 *** (-8.48)
	Size	0.007 ** (2.11)	-0.011 *** (-19.60)
	Growth	-0.003 * (-1.91)	0.001 (0.51)
	Lev	-0.031 *** (-3.65)	-0.006 *** (-4.25)
	Mshr	-0.014 ** (-2.28)	-0.001 (-1.06)
	State	0.003 (0.65)	-0.001 (-1.26)
	Industry	—	—
	Year	—	—

注：***、**、* 分别表示在 1%、5%、10% 水平上显著，括号中的数字表示双尾检验的 t 值。

由表5-2可以发现，在对全行业上市公司进行细化分类之后，信息技术行业与医药行业的政府补助与应计盈余管理仍呈正相关关系；与此同时DA与Roa、Lev在1%的水平上呈显著负相关关系，说明信息技术行业与医药行业的财务绩效与资本结构均会影响企业盈余管理水平，符合一般上市公司规律。观察表5-2还可以发现，信息技术和医药两个行业的政府补助与企业的产权性质都没有相关性，说明这两个行业的产权是否国有并不影响其政府补助与盈余管理的相关性。对于信息技术行业，管理层持股比例与应计盈余管理负相关，这主要是因为，管理层自身很清楚应计盈余管理的本质特征，其并不会实质性增加上市公司盈利，只是一种会计方式导致利润在不同会计期间的重新分配，管理层出于对自己持有股份负责的态度，反而减少使用应计盈余管理方式调节利润。这也在一定程度上证明，给予管理层股份，使其与公司构成命运共同体，能在一定程度上降低代理成本，减少道德风险的发生。

5.5.2　基于行业的盈余管理方式分析

根据以上实证结果，初步验证了信息技术行业、医药行业政府补助与应计盈余管理正相关，那么这两类行业又是采取了何种方式进行盈余管理呢？我国现行会计准则中允许研发费用有条件地资本化，与国际会计准则一致，而与美国会计准则全部费用化的处理不同。但是研发支出资本化需要兼顾不同企业的特点，资本化标准的界定很难量化，具有主观性和隐蔽性，这就导致了研发支出资本化成为高技术类上市公司进行盈余管理的一种重要方式。早在2003年，苏桑·兰德里（Suzanne Landry）的研究就对此做出了解释，他认为当公司的研发支出同时满足费用化与资本化的条件时，为达到满足企业所签订的债务条款或平滑利润的目的，公司会优先选择研发支出资本化作为盈余管理的工具。许罡等（2010，2011）的研究论证了研发支出资本化的选择与行业相关，在高科技行业研发支出进行资本化的倾向更为显著，而且研发支出资本化的选择与管理层盈余管理动机也有所关联，他们还建议在报表附注处披露研发支出不同处理对利润的影响金额和程度。在信息技术和医药行业，有从事研发活动的强烈的主观需求，研发支出比例要远高于其他行业。但同时，由于创新周期较长，风险较高，创新成果转化为新产品并创造利润的不确定较高，为了保证上市公司盈利的稳定性，管理层具有盈余管理的动机和可能性。而且，这两个行业是国家引导发展的重点行业，政府补助力度大于传统制造业。政府补助增加了公司盈余管理行为的发生，而研发支出资本化作为高技术公司盈余管理的一种方式，也可能与政府补助息息相关。基于此，提出以下假设。

假设 5 - 2a：信息技术企业的政府补助与研发支出资本化程度正相关。

假设 5 - 2b：医药企业的政府补助与研发支出资本化程度正相关。

为了验证假设 5 - 2，构建了模型（5.11）来研究信息技术行业、医药行业的政府补助与其采用的研发支出资本化方式之间的关系。研发支出资本化比率（CAP）由研发支出资本化部分与研发支出之比衡量。具体模型如下：

$$CAP = \beta_0 + \beta_1 Subsidy + \beta_2 R\&D + \beta_3 Roa + \beta_4 Size + \beta_5 Growth + \beta_6 Lev$$
$$+ \beta_7 Mshr + \beta_8 State + \beta_9 Smooth + \beta_{10} Loss + \beta_{11} Year + \varepsilon \qquad (5.11)$$

模型（5.11）在模型（5.9）的基础上加入了更加符合信息技术行业和医药行业特征的控制变量研发投入强度（R&D）、避免亏损哑变量（Loss）、收益平滑哑变量（Smooth）。其中研发投入强度等于研发投入与营业收入之比；避免亏损哑变量衡量企业进行盈余管理的目的是否为避免亏损，当年净利润大于零且当期净利润减去研发支出资本化部分小于零时取 1，否则取 0；收益平滑哑变量衡量企业进行盈余管理的目的是否为平滑收益，在连续两年净资产收益率的平均值大于 12% 取 1，否则为 0。

由表 5 - 3 可知，信息技术公司与医药公司研发支出资本化比率的均值分别为 0.194 和 0.319，极大值与极小值差距较大，说明样本公司的研发支出资本化存在很大程度的差异。从总体来看，成功转化为研发成果的部分占总研发投入的比例较低，医药行业的比例略高于信息技术行业。信息技术行业与医药行业政府补助的各项数值无明显差距，由此可以看出，样本公司获得的政府补助占营业收入的比例差异不大。两个行业的总资产收益率极小值与极大值都一正一负，表明信息技术企业与医药企业的盈利能力参差不齐，存在较大差异，而其均值都为正，即从整体行业来说，这两个行业都是盈利的。样本公司的资产负债率和营业收入增长率两者的极大值与极小值之间差异都很大，说明样本公司的偿债能力以及发展能力都存在较大差异。样本公司的研发投入强度的均值分别为 0.093 和 0.041，极大值与极小值相差较大，这说明了样本公司中大部分企业的研发投入较多，但行业中研发投入强度两极分化严重。

表 5 - 3　　　　　　　　　　　　描述性统计

变量	极大值		极小值		均值		标准差	
	信息技术	医药	信息技术	医药	信息技术	医药	信息技术	医药
CAP	1.176	3.749	0	0	0.194	0.319	0.311	0.511
Subsidy	0.126	0.069	0.001	0.000	0.020	0.011	0.021	0.011
R&D	3.582	0.170	0.001	0.002	0.093	0.041	0.188	0.245
Roa	0.297	0.236	-0.344	-0.372	0.041	0.068	0.057	0.060
Growth	8.553	3.526	-0.561	-1.672	0.525	0.180	0.836	0.386
Lev	0.820	0.955	0.027	0.025	0.323	0.315	0.169	0.186
Size	11.312	10.739	8.488	8.686	9.328	9.528	0.401	0.395
Mshr	0.775	0.849	0	0	0.225	0.126	0.205	0.195
State	1	1	0	0	0.091	0.062	0.288	0.241
Loss	1	1	0	0	0.047	0.030	0.211	0.170
Smooth	1	1	0	0	0.136	0.389	0.343	0.488

由表 5 - 4 可知，信息技术行业被解释变量 CAP 与 Subsidy 在 1% 的水平上呈显著正相关关系，即信息技术行业在获得了政府补助后，运用研发支出资本化的方式进行盈余管理的可能性越高；与 R&D 在 1% 的水平上呈显著正相关，说明公司投入的研发支出越多，研发支出资本化越大；与 Size 为负相关关系，但相关性不具有显著性；从 CAP 与 Mshr 在 1% 的水平上呈显著正相关，可以看出管理层持股比例越多，研发支出资本化越大；与 State、Growth、Roa 并无显著关系；与 Loss 在 1% 的水平上呈显著正相关，而反观与 Smooth 则没有显著关系，表明了信息技术公司运用研发支出资本化的方式进行盈余管理，主要是为了进行扭亏而不是实现收益平滑。再对比医药行业在上一步分析政府补助与应计盈余管理的关系时，两者呈正相关关系；而在进一步分析政府补助与研发支出资本化的关系时，两者却呈负相关关系，这就说明了医药行业存在政府补助促进盈余管理的行为，但并不是运用了研发支出资本化的方式进行盈余管理。医药行业研发时间跨度长，但可以通过药品试验阶段和专利审批阶段进行资本化、费用化的划分，具有行业通行规则，也比较容易被识别，这可能导致医药企业相对较难运用研发支出资本化这一方式进行盈余管理。

表 5 - 4   信息技术行业、医药行业政府补助与研发支出资本化回归结果

被解释变量		信息技术行业 CAP	医药行业 CAP
解释变量	Subsidy	2.015 *** (4.14)	- 4.532 ** (- 2.20)
控制变量	Roa	0.171 (0.90)	0.648 (1.14)
	Size	- 0.032 (- 1.18)	0.120 (1.97)
	Growth	0.003 (0.28)	0.037 0.66
	Lev	0.080 (1.19)	0.273 * (1.82)
	Mshr	0.131 *** (2.70)	0.301 ** (2.50)
	State	0.008 (0.22)	- 0.051 (- 0.56)
	R&D	0.142 *** (2.57)	2.493 ** (2.55)
	Loss	0.364 *** (7.84)	0.251 * (1.89)
	Smooth	- 0.005 (- 0.18)	- 0.096 (- 1.51)

注：*** 、 ** 、 * 分别表示在 1% 、5% 、10% 水平上显著，括号中的数字表示双尾检验的 t 值。

为了让结果更为可靠，本书对全行业的政府补助和盈余管理的关系，以及进一步研究信息技术行业、医药行业采用的盈余管理方式并进行了稳定性检验。其中在针对全行业的政府补助与盈余管理的关系时，采用了如下方式进行稳定性检验：（1）更换政府补助变量，采用政府补助与总资产的比值进行衡量；（2）更换可调节利润变量，改用可调节利润与总资产的比值衡量。重新对以上模型进行了检验，最终得出政府补助与应计盈余管理呈正相关关系，与真实盈余管理不相关，这与前面的实证结果一致，说明此模型是较为稳健的。在对信息技术行业和医药行业采用的盈余管理方式进行进一步研究时，采用的稳健性分析方式，则是对控制变量总资产收益率和高管持股比例用净资产收益率和总经理与董事长是否两职合一来替代。

最终得出以下结论：（1）在信息技术行业中，政府补助与研发支出资本化呈显著正相关关系，说明在信息技术行业中获得的政府补助越多，其运用研发支出资本化的盈余管理方式进行盈余管理的可能性越高。（2）在医药行业中，政府补助与研发支出资本化呈负相关关系，证明了医药行业在获得政府补助之后，会更有可能进行盈余管理，但由于研发阶段的划分具有一定的行业标准，因此采用该方式进行盈余管理较困难。这两个结论都与前文的实证结果一致，说明模型较为稳健。

5.6　研究小结

本章验证了政府补助与企业盈余管理水平之间的相关关系，并进一步研究了信息技术类企业和医药类企业的政府补助、盈余管理与研发支出资本化水平三者间的关系。

5.6.1　研究结论

（1）在真实盈余管理与应计盈余管理之间，政府补助与应计盈余管理水平呈显著正相关关系，与真实盈余管理不相关。

（2）信息技术类上市公司与医药类上市公司作为研发支出较高的行业代表，其获得的政府补助与应计盈余管理水平仍呈正相关关系。

（3）研发支出资本化作为盈余管理的一种方式，在信息技术类公司中政府补助与其呈正相关关系，即在信息技术行业中政府补助会影响公司使用研发支出资本化方式来进行盈余管理。

（4）医药类公司政府补助与研发支出资本化呈负相关关系，与信息技术类公司相反，这说明医药类公司政府补助虽会影响公司进行应计盈余管理，但由于医药类公司研发的特殊性，研发支出资本化并不是其进行盈余管理的适用方式。

5.6.2　研究启示

（1）政府对创新型企业进行补助是必要的，可以提升企业创新能力，有利于企业长久发展，但还需要充分考虑创新活动的高风险、高不确定，避免企业为了实现业绩目标而进行盈余管理。

（2）盈余管理的方式有很多种，企业应在合法范围内根据实际情况选择最适合企业发展情况的方式，适度的盈余管理有利于企业发展。但过度的盈余管理会造成财务信息不真实，从而使得信息不对称，最终造成资源分配不均的结果。这就对审计、财务人员提出了更高要求，要具备极好的专业素养，能够准确鉴别企业盈余管理行为。对触碰法律的行为应及时发现、给予严惩，维护市场秩序。

（3）政府应建立严格的审核机制，保证政府补助的合理运用，从源头上解决政府补助使用不当的问题。同时，上市公司也应完善财务制度，通过内部监督和外部审计、监管使公司的财务行为更加透明。

第6章

政府补助是否影响企业内部投资

从企业生命周期视角动态研究政府补助与内部投资的关系，并考虑代理成本的中介作用。本章研究贡献主要在于：（1）从企业生命周期视角动态研究政府补助与内部投资之间的关系。（2）动态研究代理成本对政府补助和内部投资的中介效应，寻找政府补助对内部投资的作用机理和传导路径。

6.1　理论分析与研究假设

6.1.1　政府补助与内部投资

企业投资活动虽然表现为微观企业行为，但企业行为的聚合将与政府行为发生互动，特别是地方经济的发展需要通过企业的投资行为带动。一般情况下，企业投资新项目从短期看均有利于促进就业，增加财政收入，对地方经济的发展起到一定的促进作用（佟爱琴等，2006）。因此，政府有意愿通过企业投资实现其增加财政收入、促进就业和维持社会稳定的政治目标。贝尔尼尼和佩莱格里尼（Bernini and Pellegrini，2011）就意大利政府补助对企业发展的影响进行研究发现，获得补助的企业在产出、就业和固定资产方面能够获得较快增长。王克敏等（2017）指出，政府补助、长期负债越多，企业投资水平越高，投资效率反而会有所降低。何源等（2006）通过研究政府补助和税收对企业投资行为产生的影响，结果发现，当政府补助小于长期负债时，政府补助能够抑制企业的投资冗余，但同时投资不足的趋势会增强；当政府补助大于长期负债时，政府补助和减税都能影响企业的投资不足行为，总体来说，政府补助对企业投资行为的影响是复杂的。

随着中央政府把财政权逐渐下放到地方各级政府，地方政府成为独立的财政主体而获取了对地方财政收入的掌控权，但同时需要承担一定的经济和政治职责。张洪辉、王宗军（2010）发现，国企投资冗余是政府将公共目标内部化到企业的结果，投资冗余对现金流的敏感性不高。唐雪松等（2007）通过实证研究发现，地方政府为了促进 GDP 增长等经济目标，会在政策上影响企业的投资，由此缓解国企投资冗余问题。政府补助是宏观调控的方式之一，在其他条件不变的情况下，可以预见，地方政府对当地企业的支持力度越强，国有企业内部投资受到的影响越大（许罡，2014）。

现有文献对于政府补助和内部投资的研究大多是静态的，从企业生命周期视角研究二者关系的较少。以往研究发现，地方政府对企业进行补助的动机是多样的，包括社会性动机和经济利益动机。政府采用补助的方式帮助优秀企业开展创新活动，或者对于处在发展初期的新型企业进行培育、帮扶，补助资金一般都会提高投资效率；而与那些盈利能力强、具有较好的投资机会的企业相比，处于亏损边缘，甚至面临退市的企业，其获得的政府补助与其投资之间的关系可能是不一样的。由于企业所处发展阶段不同，企业的盈利能力、融资能力、面临的发展机会也会有所不同，因此，从企业生命周期视角考察政府补助对内部投资的影响，有利于揭示二者之间的动态关系。基于此分析，提出以下研究假设。

假设 6 - 1：政府补助对企业内部投资的影响随着企业所处生命周期阶段的不同而不同。

6.1.2 政府补助与代理成本

顾群和翟淑萍（2012）提出，由于融资约束的存在，企业可用的现金流量减少，在一定程度上会对管理层的低效投资行为进行约束，迫使管理层提高项目选择的标准，提高企业的资本配置效率，缓解企业代理问题，在一定程度上降低代理成本。然而，政府补助在某种程度上会缓解企业融资约束（雷鹏等，2015），因此，政府补助可能削弱融资约束对代理成本的降低作用，即导致代理成本的增加。根据詹森（Jensen，1986）的现金流量假说，两权分离的存在使现金流控制权掌握在经营者手中，经营者与股东往往存在利益冲突，而且当企业的现金流较多时，这种冲突会加剧，从而使代理成本更高。刘银国和张琛（2012）通过研究证实，企业过多持有现金流量会增加高管的经费支出，产生昂贵的代理成本。许罡（2014）认为，政府补助可以使企业倾向于扩张投资规模，高管通过投资大项目掌握更多的资源，从而获得隐性收益，进而也会导致代理成本的增加。基于这些分析，提出以下研究假设。

假设6-2：政府补助会导致企业代理成本的增加。

6.1.3　政府补助、代理成本和投资冗余

代理问题之所以能够影响企业的投资决策，主要是因为管理层和所有者之间无论是从回报方式、回报金额还是回报周期均存在天然的不一致，从而导致对投资项目的选择、风险倾向、投资资金的使用、投资成本的控制和投资收益的取得等都持有各自的立场，二者之间的矛盾有可能导致投资效率降低，无法实现资源的最优配置。

由于企业在不同的生命周期阶段具有不同的发展特征，代理问题的程度也不相同，所以代理成本与内部投资之间的关系可能是变化的。在初创阶段，企业规模相对较小，此时创业者和所有者往往由一人担任，所以代理问题不明显；在成长期，企业得到快速发展，所有权与经营权开始发生分离，委托代理问题显现，此时管理者有可能为了快速扩大企业规模而进行投资；在成熟期，企业市场地位比较稳固，积累了较多的现金流，随着企业规模进一步扩大，委托代理问题加剧，管理者为了追求个人利益而导致投资效率降低的问题更加严重；在衰退期，由于市场萎缩，企业能够获得的利润越来越少，融资困难，管理效率低下，管理者为了维护自身职位可能仍然需要保持一定的投资规模（侯巧铭等，2017）。李云鹤和李湛（2012）研究发现，管理者代理行为显著导致企业投资效率降低，且管理者代理行为中代表管理者成本的管理费用变量与投资效率的关系随着企业生命周期的演变而不断减弱。政府补助与内部投资之间的关系可能因企业所处生命周期的阶段不同而不同，因此，从企业生命周期视角，将政府补助、代理成本和内部投资纳入一个整体框架进行分析，有利于全面理解三者之间的关系。基于此分析，提出以下假设。

假设6-3：代理成本在政府补助与内部投资之间能够起到中介作用，且随着企业所处的阶段不同，代理成本起到的中介作用也会不同。

6.2 研究设计

6.2.1 模型与变量定义

为检验假设 6 – 1，将回归模型设定为：

$$Over\_Inv_{t+1} = \partial_0 + \partial_1 Subsidy_t + \partial_2 Lev_t + \partial_3 Fcf_t + \partial_4 Age_t + \partial_5 Size_t$$
$$+ \sum Industry + \sum Year + \varepsilon_1 \tag{6.1}$$

其中，Subsidy 为解释变量，采用政府补助金额与营业收入的相对值进行衡量。政府补助金额采用 CSMAR 数据库中上市公司年报中披露的营业外收入项目，主要包括政府奖励、财政拨款、财政贴息、税收返还及减免等。被解释变量 Over_Inv 为内部投资。为对内部投资效率进行评价，借鉴了理查森（Richard-son，2006）的方法，采用替代变量投资冗余进行测量，即通过一个模型估算出企业正常的资本投资水平，然后用投资总额减去预期投资得到的残差表示，残差大于零表示投资冗余，残差小于零表示投资不足。

企业正常的资本投资水平估计模型如下：

$$Inv_{t+1} = \partial_0 + \partial_1 Q_t + \partial_2 Lev_t + \partial_3 Cash_t + \partial_4 Age_t + \partial_5 Size_t + \partial_6 Ret_t + \partial_7 Inv_t$$
$$+ \sum Industry + \sum Year + \varepsilon_1 \tag{6.2}$$

模型（6.2）中被解释变量Inv_{t+1}为 t + 1 年资本投资量。借鉴已有学者的研究成果，当年资本投资量用公司构建固定资产、无形资产和其他资产支付的现金减去处置固定资产、无形资产和其他资产收回的现金，再除以公司平均资产表示。Q_t代表企业增长机会，企业的增长机会越多，其资本投资量应该越大，使用托宾 Q 值作为增长机会的代理变量。Lev_t表示资产负债率，用总负债与总资产之比表示。$Cash_t$表示企业的现金持有量，用货币资金与总资产之比表示。Age_t表示企业的上市年限。$Size_t$表示企业规模，用总资产的自然对数表示。Ret_t表示企业的股票回报，用考虑现金分红再投资的年度股票回报率表示。此外，模型中还加入行业虚拟变量 Industry 和年度虚拟变量 Year。在模型（6.2）中，所有的自变量都比被解释变量滞后一期。对模型（6.2）回归得到的残差 ε，表示实际投资和预期投资之间的差值，残差大于 0，表示内部投资冗余。

为检验假设 6 – 1 中企业所处生命周期不同，政府补助对内部投资的影响存在差异，本书对企业的生命周期进行了划分。选用狄金森（Dickinson，2011）基于现金流的分类方法，即通过企业现金流量表中经营活动、投资活动和筹资活动产生的净现金流量的方向组合来判断企业生命周期不同阶段。该方法强调现金流方向而非现金流大小，可以有效回避财务数据被调节所带来的影响。由于样本选取均来自上市公司，可以理解为这些企业已经度过了初创期。因此，将企业生命周期界定为成长期、成熟期和衰退期三个阶段。具体判断结果如表 6-1 所示。

表 6-1　　　　　　　　企业不同生命周期的现金流特征组合

现金流	成长期		成熟期	衰退期				
	导入期	增长期	成熟期	衰退期	衰退期	衰退期	淘汰期	淘汰期
经营现金流净额	−	+	+	−	+	+	−	−
投资现金流净额	−	−	−	+	+	+	+	+
筹资现金流净额	+	+	−	−	+	−	+	−

为检验假设 6-2，我们将模型设定为：

$$Ac_t = \partial_0 + \partial_1 Subsidy_t + \partial_2 Lev_t + \partial_3 Fcf_t + \partial_4 Age_t + \partial_5 Size_t + \sum Industry$$
$$+ \sum Year + \varepsilon_1 \tag{6.3}$$

其中，被解释变量 Ac 为代理成本。关于代理成本，大部分研究都采用替代变量法来测量。安等（Ang et al.，2000）等使用两种方法计量：一是用销售费用率（管理费用/销售收入）表示，主要用来度量监督成本、担保成本，以及高管经费支出而产生的成本；二是用总资产周转率（营业收入/总资产）表示，主要用来反映由于经理人对企业资产低效率使用而引致的代理成本。由于管理费用中除了一般的管理活动支出外，还会包括坏账损失、存货损失等，管理费用的异常波动并不一定表明代理成本发生了异常变动，相比较而言，资产周转率的波动则较小。此外，由于本研究是在企业生命周期视角下进行的，要求代理成本具有一定的连续性和稳定性，所以，本书借鉴罗明琦（2014）的做法，用资产周转率来衡量代理成本。

为检验假设 6-3 代理成本在政府补助与内部投资之间的中介作用，我们基于模型（6.1）和模型（6.3），进一步增加中介效应模型为：

$$Over\_Inv_{t+1} = \partial_0 + \partial_1 Subsidy_t + \partial_2 Ac_t + \partial_3 Lev_t + \partial_4 Fcf_t + \partial_5 Age_t + \partial_6 Size_t$$

$$+ \sum \text{Industry} + \sum \text{Year} + \varepsilon_1 \tag{6.4}$$

中介效应的检验主要有三个步骤：第一步，检验政府补助与内部投资的回归系数是否显著，如果显著则进行第二步，如果不显著则停止检验；第二步，检验政府补助与代理成本的回归系数是否显著；第三步，将代理成本放入第一步的回归方程中，检验政府补助与内部投资的回归系数是否仍然显著，如果代理成本的系数显著而政府补助的系数不显著，则说明存在完全中介作用，如果政府补助的系数也显著，但是回归系数降低，则说明存在部分中介作用。

模型（6.1）、模型（6.3）、模型（6.4）均采用全样本、成长期、成熟期和衰退期进行回归。其中 X 是由多个控制变量构成的向量，具体包括资产负债率、公司现金流、企业规模和上市时间，其中公司现金流用经营活动现金流与公司总资产之比表示。除此之外，模型中还加入年度虚拟变量和行业虚拟变量。具体变量定义见表 6－2。

表 6－2　　　　　　　　　　变量的定义及度量

变量	变量符号	变量定义
政府补助	Subsidy	政府补助/营业收入
代理成本	Ac	营业收入/总资产
投资水平	Inv	（当期构建固定资产、无形资产和其他资产支付的现金 －处置固定资产等收回的现金）/公司平均资产
内部投资	Over_Inv	模型（6.1）中大于 0 的回归残差
公司资金	Cash	货币资金与总资产的比率
上市年龄	Age	为 IPO 年度到第 t 年末为止的年数
股票年回报率	Ret	考虑现金分红再投资的股票年度回报率
Tobin's Q 值	Q	公司市值/期末总资产
资产负债率	Lev	总负债/总资产
公司规模	Size	总资产的自然对数
公司现金流	Fcf	经营活动现金流/公司总资产
行业虚拟变量	Industry	本书共设置 16 个行业虚拟变量
年度虚拟变量	Year	本书共设置 4 个年度虚拟变量

6.2.2　样本选择和数据来源

以 2012～2016 年沪深 A 股上市公司为研究样本，在衡量公司投资水平时，使用 2017 年数据。对初始样本做如下筛选：（1）剔除了金融、保险、房地产行业的样本；（2）剔除了 PT、ST 和 *ST 状态的样本；（3）剔除了所需数据缺失或财务数据异常的样本。上市公司财务数据主要来自 CSMAR 数据库。为了消除异常值的影响，对主要连续变量进行了 Winsorize 处理，最终得到样本2540 个，其中成长期样本 1194 个，成熟期 1014 个，衰退期 332 个。

6.3 实证结果及分析

6.3.1 描述性统计

主要变量的描述性统计结果如表 6 – 3 所示。从结果可以看出，企业内部投资水平的平均值为 0.0309，而最大值达到 0.2322，这反映出上市公司存在一定的投资冗余现象。资产周转率平均值为 0.6491，最小值为 0.0995，能够在一定程度上表明我国上市公司存在代理效率较低的问题。政府补助占营业收入的平均值和中位数分别为 0.0127、0.0060，标准差为 0.0235，表明政府补助力度具有一定的稳定性。

表 6 – 3   主要变量的描述性统计

变量	N	平均数	中位数	标准差	最小值	最大值
Subsidy	2540	0.0127	0.0060	0.0235	0.0000	0.4481
Ac	2540	0.6491	0.5776	0.3808	0.0995	2.4115
Over_Inv	2540	0.0309	0.0192	0.0345	0.0000	0.2322
Lev	2540	0.4395	0.4449	0.1891	0.0103	0.9544
Fcf	2540	0.0613	0.0586	0.0658	− 0.2377	0.3794
Age	2540	11.2079	11.0000	6.2161	1.0000	26.0000
Size	2540	22.3127	22.1685	1.1605	19.2406	27.1454

接下来，对主要变量进行差异性分析，检验结果如表 6 – 4。可以看出，成长期、成熟期和衰退期的样本量分别为1194、1014 和 332，处于衰退期的样本量最少，这符合我国企业特征。投资冗余现象随企业生命周期逐渐下降，成长期和衰退期、成熟期和衰退期之间存在显著差异，但成长期和成熟期之间的

差异不显著；政府补助各阶段差异不大，成长期和衰退期的政府补助几乎持平，成熟期政府补助最低，这可能受到对政府补助进行缩尾处理的影响；总资产周转率先升后降，且各阶段差异显著，这表明随着企业生命周期的发展，代理成本发生了一定的变化，成熟期总资产周转率最高，即代理成本最低，这与童锦治等（2018）的研究一致。

表6-4   主要变量在企业生命周期不同阶段的差异

主要变量	企业生命周期			T统计量		
	成长期	成熟期	衰退期	成长—成熟	成长—衰退	成熟—衰退
Sample	1194	1014	332	—	—	—
Over_Inv	0.0322	0.0309	0.0260	0.8486	2.9160 ***	2.2950 **
subsidy	0.0134	0.0116	0.0134	1.7789 *	0.0243	-1.1899
Ac	0.5915	0.7172	0.6483	-7.8522 ***	-2.5215 **	2.7708 ***

注：*** 、 ** 、 * 分别表示在1%、5%、10%水平上显著。

6.3.2　相关性分析

从表6-5中可以看出，政府补助与代理成本、内部投资的相关系数分别为-0.2305、0.0473，代理成本与内部投资的相关系数为-0.0620，且都在0.05的水平上显著相关。资产负债率、上市年限、公司规模都与内部投资负相关，除资产负债率外均在0.01水平上显著相关。公司现金流与内部投资在0.05的水平上显著正相关。此外，经过共线性分析表明各个变量之间也不存在多重共线性问题。

表6-5   主要变量相关性分析

变量	Subsidy	Ac	Over_Inv	Lev	Fcf	Age	Size
Subsidy	1.0000						
Ac	-0.2305 ***	1.0000					
Over_Inv	0.0473 **	-0.0620 ***	1.0000				
Lev	-0.0534 ***	0.0922 ***	-0.0385 *	1.0000			
Fcf	-0.0326	0.1368 ***	0.0463 **	-0.1274 ***	1.0000		
Age	-0.0043	0.0073	-0.1138 ***	0.3242 ***	0.0072	1.0000	
Size	-0.1079 ***	0.0013	-0.1038 ***	0.4627 ***	0.0794 ***	0.2786 ***	1.0000

注：*** 、 ** 、 * 分别表示在1%、5%、10%水平上显著。

6.3.3 回归结果与分析

1. 企业生命周期不同阶段政府补助与内部投资之间的关系检验

为了检验企业生命周期不同阶段政府补助对企业内部投资的影响，对模型（6.1）进行全样本和各阶段样本的回归分析，回归结果如表 6 - 6 所示。从表 6 - 6 中的全样本结果总体可以看出，政府补助与企业内部投资正相关，且通过 0.1 水平的显著性检验。在成长期，政府补助与企业内部投资正相关，且通过 0.01 水平的显著性检验。在成熟期和衰退期，政府补助与企业内部投资没有通过显著性检验。这说明政府补助对不同阶段企业内部投资的影响程度存在差异，假设 6 - 1 得到验证。控制变量中，现金流能够显著加重投资冗余；上市时间、企业规模会抑制企业投资冗余；全样本中财务杠杆能够加重投资冗余现象，但其作用主要体现在衰退期，在成长期和成熟期，财务杠杆对投资冗余的影响不显著，这可能是由于衰退期样本数目太少导致的。

表 6 - 6　　　　　政府补助、内部投资与企业生命周期

变量	全样本	成长期	成熟期	衰退期
（Constant）	0.095 (5.99)***	0.089 (3.60)***	0.101 (4.03)***	0.148 (3.53)***
Subsidy	0.053 (1.76)*	0.121 (2.67)***	0.001 (0.02)	−0.037 (−0.44)
Lev	0.010 (2.31)**	0.010 (1.35)	0.005 (0.73)	0.021 (2.11)**
Fcf	0.028 (2.66)***	0.036 (1.90)*	0.034 (1.71)*	0.043 (1.85)*
Age	−0.001 (−4.91)***	−0.001 (−3.59)***	−0.000 (−2.36)**	−0.001 (−1.67)*
Size	−0.003 (−4.12)***	−0.003 (−2.45)**	−0.003 (−2.83)***	−0.005 (−2.82)***
Industry	—	—	—	—
Year	—	—	—	—
N	2540	1194	1014	332

变量	全样本	成长期	成熟期	衰退期
Adj – R^2	0.029	0.035	0.022	0.021
F	4.08 ***	2.78 ***	1.96 ***	1.28 ***

注: *** 、 ** 、 * 分别表示在 1% 、 5% 、 10% 水平上显著，括号中的数字表示双尾检验的 t 值。

回归结果表明，虽然政府补助可能会增加内部投资冗余，但这也是成长阶段企业普遍呈现的状况，因为成长期必然需要大规模投资活动，而且投资转化为生产能力需要一定的时间。这也提示监管层，对于处在成长期的企业，加强对政府补助利用效率监管的同时，还要结合企业生命周期进行动态监管，不能采用同样的标准衡量所有企业的投资情况，这样才能更有效地提高企业投资效率和补助资金的使用效果。

2. 企业生命周期不同阶段政府补助与代理成本之间的关系检验

表 6 – 7 给出了政府补助与代理成本在企业不同阶段的回归结果。不管是全样本还是其他各个阶段，政府补助都与资产周转率显著负相关，即政府补助增加了企业代理成本，假设 6 – 2 得到验证。控制变量中，财务杠杆和现金流会降低代理成本；上市年限、企业规模对代理成本的影响不显著。回归结果表明，政府补助在任何一个阶段都可能导致代理成本的增加。因此，对政府补助可能导致代理成本增加的防控，应该贯穿企业的整个生命周期。

表 6 –7　　　　　　　　　　政府补助、代理成本与企业生命周期

变量	全样本	成长期	成熟期	衰退期
(Constant)	0.606 (3.93) ***	0.590 (2.63) ***	0.479 (1.99) **	0.680 (1.38)
Subsidy	– 2.833 (– 9.75) ***	– 3.104 (– 7.59) ***	– 2.314 (– 5.20) ***	– 3.689 (– 3.69) ***
Lev	0.240 (5.57) ***	0.148 (2.26) **	0.384 (5.67) ***	0.263 (2.20) **
Fcf	1.113 (10.73) ***	0.451 (2.64) ***	1.535 (7.92) ***	0.555 (2.03) **
Age	0.002 (1.62)	0.000 (0.05)	0.004 (1.88) *	– 0.003 (– 0.76)

续表

变量	全样本	成长期	成熟期	衰退期
Size	−0.007 (−0.95)	−0.006 (−0.60)	−0.003 (−0.26)	0.004 (0.17)
Industry	—	—	—	—
Year	—	—	—	—
N	2540	1194	1014	332
Adj−R²	0.246	0.231	0.297	0.133
F	34.10***	15.94***	18.82***	3.03***

注：***、**、*分别表示在1%、5%、10%水平上显著，括号中的数字表示双尾检验的t值。

3. 企业生命周期不同阶段政府补助、代理成本和内部投资的中介效应检验

基于以上分析，政府补助可能会带来投资冗余现象，也会导致代理成本增加，为了验证代理成本对内部投资的影响，以及代理成本在政府补助和内部投资之间是否存在中介作用，对模型（6.4）进行了回归分析。

表6-8给出了政府补助、代理成本和内部投资的回归分析结果。从结果中可以看出，政府补助与投资冗余现象只有在成长期才具有显著的正相关关系，资产周转率在全样本和成长期阶段与投资冗余具有显著负相关关系，在其他阶段的关系不显著。结合模型（6.1）的回归结果，由于政府补助对投资冗余的回归系数只在成长期显著，在成熟期和衰退期不显著，所以在成长期代理成本的中介作用显著，而在成熟期和衰退期则不具有显著的中介效应，假设6-3得到验证。由于在对模型（6.1）进行全样本的回归分析中，政府补助对投资冗余仅在0.1的水平上显著，显著性水平较低，所以在全样本中不考虑代理成本的中介效应。

综上，政府补助在成长期对企业的投资冗余有显著正相关关系，在成熟期和衰退期的关系不显著；代理成本在成长期对企业投资冗余有显著正相关关系，在成熟期和衰退期的关系不显著；仅在成长期代理成本对政府补助和投资冗余有显著的部分中介效应。

表 6 - 8   政府补助、代理成本和投资冗余的中介效应检验结果

变量	全样本	成长期	成熟期	衰退期
(Constant)	0.098 (6.20)***	0.093 (3.76)***	0.103 (4.12)***	0.149 (3.53)***
Subsidy	0.037 (1.20)	0.100 (2.16)**	-0.011 (-0.23)	-0.041 (-0.47)
Ac	-0.006 (-2.76)***	-0.007 (-2.08)**	-0.005 (-1.51)	-0.001 (-0.21)
Lev	0.012 (2.60)***	0.011 (1.48)	0.007 (0.99)	0.022 (2.12)**
Fcf	0.035 (3.18)***	0.039 (2.06)**	0.042 (2.03)**	0.043 (1.86)*
Age	-0.001 (-4.82)***	-0.001 (-3.59)***	-0.000 (-2.27)**	-0.001 (-1.67)*
Size	-0.003 (-4.18)***	-0.003 (-2.49)**	-0.003 (-2.84)***	-0.005 (-2.81)***
Industry	控制	控制	控制	控制
Year	控制	控制	控制	控制
N	2540	1194	1014	332
$Adj - R^2$	0.032	0.037	0.024	0.095
F	4.22***	2.85***	1.98***	1.23***

注：***、**、*分别表示在1%、5%、10%水平上显著，括号中的数字表示双尾检验的t值。

6.3.4 稳健性检验

理查森开创的投资冗余的估测方法得到广泛应用，一些研究中使用销售收入增长率度量企业的成长机会，因此，本研究在估算投资冗余时，将投资模型中的托宾Q值换成销售收入增长率，得到的回归系数以及统计显著性方面与本研究基本一致，没有发生明显变化，这表明本研究所得结论具有稳健性。

6.4 研究小结

已有文献研究了政府补助、代理成本对内部投资的影响，但没有考察政府

补助对代理成本可能产生的影响，以及代理成本在政府补助和内部投资之间可能发挥的传导作用，且以往研究大多是静态的。本章研究选取 2012～2016 年沪深主板上市公司为样本，从企业生命周期角度将样本划分为成长期、成熟期和衰退期，动态研究我国上市公司政府补助对代理成本和内部投资的影响，并进一步考察代理成本在政府补助与内部投资之间是否具有中介作用。实证结果表明：政府补助对投资冗余现象的影响随企业生命周期的发展而逐渐减弱，且仅在成长期政府补助与投资冗余现象的关系显著。政府补助对代理成本的影响随企业生命周期的发展先降后升，且在任何一个阶段均具有显著的正向关系，即政府补助将导致代理成本的增加。在验证代理成本的中介作用回归结果中，政府补助对内部投资、代理成本对内部投资的影响均仅在成长期显著，代理成本仅在成长期具有显著的部分中介作用，在成熟期和衰退期中介作用不显著。

　　本章研究结果表明，政府补助对内部投资的影响不是静止的，代理成本对内部投资的影响同样不是静止的，而是随企业生命周期动态变化，这启示我们在监督政府补助利用效率时，首先要对企业所处的发展阶段进行识别，然后动态调整公司治理机制，这为政府补助利用效率的治理提供新的思路。此外，本章研究也在一定程度上揭示了政府补助对企业内部投资的传导路径，有利于进一步了解政府补助和内部投资的关系。

第 7 章

政府补助是否影响企业对外投资

在我国，政府补助是政府引导经济运行、实现特定政策目标的一种方式，其可以通过影响稀缺资源的配置，推动经济提质升级（王克敏等，2017）。近年来，每年都有近千亿元的政府补助流向上市公司。据 Wind 数据统计，A 股上市公司 2017 年所获政府补助总计 1302 亿元，而当年上市公司利润总额达 44872 亿元，上市公司政府补助占利润总额比例约为 2.9%。政府补助是政府无偿向企业提供的资源，这有助于企业有更充沛的资金进行经营发展。作为地方政府引导企业投资的重要方式，政府补助也是一种推动地区经济发展、增强企业竞争实力的不可或缺的政策工具。上市公司在取得大额的政府补助资金之后如何利用，这个问题值得深入探讨。

扩张是企业成长的必经之路，是为实现收益的大幅增长和美好的发展前景而在特定阶段制定的战略（沈欣蓓，2018）。一般情况下，扩张可以分为两种方式：一是靠内部积累，逐步扩大企业的规模，通常被称为是企业的内部扩张。二是通过企业之间的并购活动，实现企业迅速扩张，这是一条从外部谋求企业发展壮大的途径，通常被称为外部扩张（姜玲，2014）。本章所研究的外部投资即指外部扩张，也即企业并购。自 2014 年以来，中国并购市场迎来快速发展，交易数量、规模屡创新高，并一举成为全球第二大并购投资地，仅次于美国。根据 CVSource 数据，2017 年，中国并购市场披露金额的并购案例数达 5568 起，交易总金额约为 5877.81 亿美元[①]。随着这一波并购浪潮席卷中国资本市场，其背后的资本力量及并购逻辑有待深入考量，并购带来的规模扩张是否形成了新的利润增长点也值得探讨。

---

① CVSource 投中数据，投中研究院，2018。http://www.cvsource.com.cn。

关于企业并购，已有的研究成果主要是围绕"理性人"假设开展的，随着行为金融学的发展，人们开始从管理者行为的角度去研究企业并购问题。心理学的相关研究表明，人往往并非完全理性，自信行为是一种常见的现象，而且相对于一般人来说，公司管理者更加倾向于自信（史永东等，2010）。因此，本章在研究政府补助与企业扩张的过程中，加入了管理层心理因素，更加深入地挖掘扩张背后的逻辑关系。

本研究的主要贡献在于：一是将企业获得的政府补助与并购联系起来，包括并购规模及并购决策，探讨政府补助增加企业短期现金流的同时是否对管理层的战略决策构成影响；二是从行为金融学角度，探讨了管理层信心是否对政府补助与企业并购之间的关系起到了调节作用。

7.1　相关文献回顾

纵观国内外文献，关于政府补助的研究主要是围绕政府补助对企业经济绩效（如研发创新投入、产出效率、经营业绩、成长性、投资水平等）展开的（魏志华等，2015）。哈里斯和特雷纳（Harris and Trainor，2005）对北爱尔兰的选择性金融补助政策的效果进行考察，研究表明，该政策使得企业的全要素生产率提高了 7% ~ 10%；安卡赫恩等（Ankarhern et al.，2010）对瑞士的区域投资补助政策的成效进行实证检验，研究发现，获得政府补助的企业相对于对照组企业并没有获得显著更高的净资产收益率，也没有雇用更多员工。王薇、艾华（2018）以 2010 ~ 2016 年我国创业板公司为研究对象，使用 OLS 回归得出，政府补助对企业研发投入和全要素生产率均具有促进作用，并且研发投入在政府补助和全要素生产率之间存在部分中介效应的结论。

传统金融理论建立在完全理性人假设之上，认为公司管理层在企业投资过程中具备完全理性，其会以公司价值最大化为目标进行投资。然而随着行为金融理论的发展与深入，大量实证研究表明，公司管理层存在一定程度的非理性行为（谢志华，2017）。人的信心是有限理性假设的一个基本推论，自信是心理学中的一个专业表达，指人往往高估自己成功的概率，低估失败的概率，从而形成心理偏差。罗尔（Roll，1986）研究了管理者的非理性行为，并提出管理者"自大"假说。企业的并购决策大多是在管理层的主导下进行的，有实证研究表明，自信的管理者有更强的冲动进行企业并购。朱磊、于伟洋（2015）以 2010~2015 年我国进行并购的企业为样本检验了管理者信心对企业并购决策的影响，研究结果表明，CEO 信心与企业并购决策存在显著正相关关系。比莱塔和钱（Billetta and Qian，2008）研究发现，在企业并购活动中，管理者的信心会推进并购的步伐。管理者对并购行为的认知是并购决策的重要影响因素，因为并购活动对管理者的能力是有着十分严格的高要求。史永东、朱广印（2010）假设了一个理想的条件：管理者均完全忠于股东的利益，在并购的过程中，管理者过高估计目标企业的价值，具有较强的并购意愿。而且自信的管理者进行的并购比信心不足的管理者进行的并购约多 20%。翟爱梅、张晓娇（2012）对现有研究成果进行了比较系统的阐述，发现管理者的信心对是否并购、并购频率以及金额会产生正向的促进作用。但是，管理者信心与并购成功后所获得的绩效呈负相关，也会进一步影响并购究竟是采取现金支付还是股权支付。

目前学术界对于政府补助、企业并购以及管理层信心这三者的研究结合起来探讨的并不多见。基于行为金融理论，创新性地将政府补助、企业并购以及管理层信心结合起来进行研究。不同于以往将管理层信心作为解释变量研究其与企业并购的关系，本研究将政府补助作为解释变量，管理层信心作为调节变量，探讨在管理层信心的条件下，政府补助与企业并购的相关关系是否会受到影响。

7.2 理论分析与研究假设

7.2.1 政府补助与公司并购决策

政府补助可以作为地方政府引导企业经营的重要方式，企业获得政府补助将会直接增加其持有的现金总量，进一步提升企业的投资水平（步丹璐，2018）。马尔门蒂埃和泰特（Malmendier and Tate，2005，2008）研究表明，公司现金流越大，企业扩张的速度越快。当管理层手中有较多现金时，有更强的欲望进行再投资加快企业扩张的速度。而并购是企业具体的投资行为，所以企业在获得政府补助从而具有足够的现金流时，管理层就具备了实施并购的能力。

与此同时，并购决策还可能与管理层的心理因素有关。布朗和萨尔玛（Brown and Sarma，2007）以澳大利亚的企业作为研究样本，发现在管理者有信心时更易做出高难度的混合并购决策。比莱塔和钱（Billetta and Qian，2008）研究发现，在企业并购活动中，管理者的信心会推进并购的步伐，管理者对并购行为的认知是并购决策的重要影响因素。较高的权威导致公司在决策的过程中往往会遵从"意见领袖"的观点，为增强管理层信心创造条件（翟爱梅、张晓娇，2012）。当决策者信心增强时，并购动机可能会增加。李善民、陈文婷（2010）得出结论，内部现金流与企业并购决策呈现显著的正相关关系，表明我国企业中的高管人员在具有丰富的内部可动用资源条件下，具有信心者会更倾向于实施并购活动。翟爱梅、张晓娇（2012）对现有研究成果进行了比较系统的阐述，发现管理者的信心对是否并购、并购频率以及金额会产生正向的促进作用。

基于现有研究可以看出，政府补助与企业并购动机之间应该存在正相关关系，且管理层信心可能在两者之间形成正向调节作用。据此，本书提出以下假设。

假设 7 - 1a：企业获得的政府补助对管理层并购决策具有正向影响作用。

假设 7 - 1b：管理层信心对政府补助与并购决策之间的关系具有正向调节作用。

7.2.2 政府补助与公司并购规模

政府补助会增加企业现金流，使管理层有更多投资空间和选择，但同时也可能导致资金冗余，从而降低单位资金使用效率。并购过程中，对价主要取决于被并购资产的价值和未来预期，并购金额应该是被并购资产未来现金流的折现值。但是，在现实并购案例中，受到很多干扰因素的影响，合并对价高于被并购资产价值的情况时有发生。原因主要可以归纳为两类：其一是管理层手中有比较充裕的现金流支付对价，为了实现并购愿意付出较高的成本；其二是采用收益法进行资产评估，对未来现金流估计比较乐观，这与管理层的心理状态存在很大关系。但未来具有巨大不确定性，过高溢价将会产生大额商誉，同时也会带来商誉减值的风险，影响企业未来的财务业绩。

理性的管理者出于对行业背景、发展前景的判断，结合企业自身经营能力、管理能力、融资能力、盈利能力等一系列指标，判断企业是否适合扩大规模以及何时扩大规模。然而，由于管理者存在信心的心理偏差，会利用并购等扩张方式迅速扩大企业规模，已有大量研究证明管理者信心通过影响管理者心理状态进而影响公司决策。淳伟德（2011）采用两种方法界定企业高管信心，通过对沪深两市上市公司规模扩张的研究，均得出高管信心与企业规模扩张显著正相关的结论。张克丹（2011）在考虑股权分置改革的情况下，检验行权期持股增加的高管对企业投资决策的影响。研究表明，信心是管理层进行投资活动的原因之一，并且越自信，投资活动就越频繁。当企业内部现金流充裕时，自信的高管会增加投资，特别是国有控股企业，这种行为更甚。内部融资渠道约束了高管心目中理想的投资目标，仅靠自身的内部积累，企业的成长速度必然会受到限制。当企业获得政府补助并在短时间内形成大量现金流时，信心会影响高管对项目前景的预测，致使管理层在力所及的范围内进行企业扩张。由此，本书提出如下假设。

假设7-2a：政府补助对企业并购规模具有正向影响作用。

假设7-2b：管理层信心对政府补助与企业并购规模之间的关系具有正向调节作用。

7.3 研究设计

7.3.1 样本与数据来源

以2010~2017年间在沪深两地证券交易所上市的A股上市公司作为研究对象，同时根据研究目的对所选取的数据进行如下处理：（1）剔除金融、保险类上市公司，以及ST、*ST公司；（2）剔除有效数据缺失的样本；（3）剔除并购失败的公司。数据主要来源于CSMAR数据库。考虑到政府补助与企业扩张之间可能存在的滞后性以及内生性问题，在此次研究中解释变量政府补助和所有的控制变量数据来源于2010~2016年，被解释变量企业扩张金额数据来源于2011~2017年。原始数据共计5566个观测值，去掉有效数据缺失的样本后共4941个观测值，对企业并购金额进行1%和99%分位上的Winsorize后，共计 4252 个观测值。数据处理选用 Excel 2010 和 Stata 14.0。

7.3.2　变量的定义及度量

1. 公司并购

被解释变量公司并购决策（MADUM）设置为是否并购哑变量，公司上期获得政府补助的基础上，如果本期发生并购，则并购决策取值为 1，否则为 0。采用上市公司并购交易金额（MA）度量并购规模，等于 2011～2017 年特定年份内并购交易成功的并购金额总和。

2. 政府补助

现有相关文献中关于政府补助的度量方法主要有：（1）公司获得的补助金额与营业收入的比值（王克敏等，2017），主要是为了消除公司间的规模影响；（2）公司获得的补助金额与总资产的比值，这种度量方式容易使得总资产规模大的公司获得的政府补助比重显得过小；（3）用绝对值指标衡量，如步丹璐等（2017）采用的是上市公司披露的"营业外收入"中"政府补助"项目的具体金额。考虑到我国上市公司存在年末获得大额政府补助的现象，而且将政府补助投资到某一项目需要一定的时间，所以并购行为具有较明显的滞后性。因此，对于假设 7 - 1 的检验中，解释变量采用样本公司上期获得的政府补助金额除以对应的总资产进行标准化；对于假设 7 - 2 的检验中，采用样本公司上一期获得的政府补助金额的绝对值进行衡量。

3. 管理者信心

目前学术界对于管理层信心的度量方法尚未形成统一的观点，总结国内外相关文献，学者们主要使用以下指标衡量管理层信心：（1）高管持股数量的增减比例变化（朱磊，2015；Malmendier，2005、2008）；（2）相关主流媒体对 CEO 的评价（Brown et al.，2007；Hayward，1997）；（3）企业盈利预测偏差（Lin et al.，2005）；（4）高管的相对薪酬比例（谢志华，2017；Hayward，1997）；（5）国家统计局公布的企业景气指数；（6）企业实施并购的频率（Doukas et al.，2006）。

除了上述六种衡量方法之外，还有一些学者利用其他方法对信心进行衡量。李秀峰（2016）选择容易引发管理者自信心理的多种因素，包括上市公司性质、管理者教育背景、管理者性别、兼任董事情况四个维度构成的综合指标，作为界定管理者信心的代理变量。侯巧铭（2015，2017）运用"自利归因"方法对管理者信心进行度量，具体是指对上市公司业绩预告中业绩变动的原因说明进行阅读分析，找出文字表述中的归因句子，通过文字分析，对归因信息的部位进行计量，即判断每一归因句子倾向于内部因素还是外部因素，并依据其对企业业绩正向或负向的影响关系，对自利归因行为倾向进行判断，进而对管理者信心进行识别和度量。考虑到各种衡量方法的可行性和数据的可获得性，本书采用饶育蕾（2010）的方法进行管理者信心（OC）的衡量，即在本公司股票价格增长幅度小于大盘增长幅度的情况下，管理者仍然增持本公司股票或保持不变，则认为管理者存在信心。因此，本书判断某企业管理者是否信心的两个条件为：

$$H_i - H_{i-1} \geqslant 0 \qquad (7.1)$$

$$\frac{P_i}{P_{i-1}} < \frac{Index_i}{Index_{i-1}} \qquad (7.2)$$

其中，H_i 为 i 年末管理者持有公司股票的数量；P_i 为 i 年末本公司股票价格；$Index_i$ 为 i 年末股票指数。如果模型（7.1）和模型（7.2）两个条件都满足，则认为该公司管理者具有信心。

4. 控制变量

通过借鉴相关学者的研究和理论，还设置了如下控制变量：公司规模用期初总资产取对数表示；资产负债率；总资产收益率；可用现金流量用期初净现金流量比上期初总资产；公司成长性用营业收入增长率来衡量；独立董事比例；公司控制人性质，如果公司的实际控制人为国家或政府时，取值为1，否则为0；管理层持股比例；董事长与总经理是否两职分离，如果董事长与总经理两职分离，取值为1，否则为0；同时加入年份和行业虚拟变量。具体如表7-1所示。

表7-1   变量说明

变量类别	变量名称	变量符号	变量含义
被解释变量	并购决策	MADUM	如果公司本期发生并购，取值为1；否则取0
	并购规模	MA	公司本年度内发生的并购金额
解释变量	政府补助	Sub	公司上年度获得的政府补助金额

续表

变量类别	变量名称	变量符号	变量含义
控制变量	公司规模	Size	选取公司期初总资产金额，对其取自然对数进行衡量
	资产负债率	Debt	上期公司总负债除以总资产
	总资产收益率	ROA	净利润除以平均总资产
	可用现金流量	CF	期初净现金流量除以期初总资产
	公司成长性	Growth	用上期的营业收入增长率衡量
	独立董事比例	DDR	该变量通过独立董事数量除以董事会规模计算取得
	管理层持股比例	MSR	用管理层持股数量除以总股数，为上期数
	公司控制人性质	Nature	如果实际控制人是国家及政府，取值为 1；否则 0
	是否两职分离	DM	如果两职分离，取值为 1；否则取 0
	年份	Year	年份控制变量，控制年份之间的差异
	行业	Industry	行业控制变量，控制行业之间的差异

7.3.3　模型构建

为了检验政府补助与公司并购的关系及管理者信心的调节效应，本书构建以下回归模型。

为了检验假设 7 - 1 中政府补助与公司并购决策之间的关系及管理层信心的调节作用，建立回归模型（7.3）和模型（7.4）：

$$\text{MADUM}_t = \beta_0 + \beta_1 \text{Sub}_{t-1} + \beta_2 \text{Size}_{t-1} + \beta_3 \text{Debt}_{t-1} + \beta_4 \text{ROA}_{t-1}$$
$$+ \beta_5 \text{CF}_{t-1} + \beta_6 \text{Growth}_{t-1} + \beta_7 \text{DDR}_{t-1} + \beta_8 \text{MSR}_{t-1}$$
$$+ \beta_9 \text{Nature}_{t-1} + \beta_{10} \text{DM}_{t-1} + \beta_{11} \text{Year} + \beta_{12} \text{Industry} + \varepsilon \quad (7.3)$$

$$\text{MADUM}_t = \beta_0 + \beta_1 \text{Sub}_{t-1} + \beta_2 \text{OC}_{t-1} + \beta_3 \text{OC}_t \times \text{Sub}_{t-1} + \beta_4 \text{Size}_{t-1} + \beta_5 \text{Debt}_{t-1}$$
$$+ \beta_6 \text{ROA}_{t-1} + \beta_7 \text{CF}_{t-1} + \beta_8 \text{Growth}_{t-1}$$
$$+ \beta_9 \text{DDR}_{t-1} + \beta_{10} \text{MSR}_{t-1} + \beta_{11} \text{Nature}_{t-1} + \beta_{12} \text{DM}_{t-1}$$
$$+ \beta_{13} \text{Year} + \beta_{14} \text{Industry} + \varepsilon \quad (7.4)$$

为了检验假设 7 - 2 中政府补助与公司并购规模之间的关系及管理层信心的调节作用，建立回归模型（7.5）和回归模型（7.6）：

$$M_{At} = \beta_0 + \beta_1 Sub_{t-1} + \beta_2 Size_{t-1} + \beta_3 Debt_{t-1} + \beta_4 ROA_{t-1} + \beta_5 CF_{t-1}$$
$$+ \beta_6 Growth_{t-1} + \beta_7 DDR_{t-1} + \beta_8 MSR_{t-1} + \beta_9 Nature_{t-1} + \beta_{10} DM_{t-1}$$
$$+ \beta_{11} Year + \beta_{12} Industry + \varepsilon \qquad (7.5)$$

$$M_{At} = \beta_0 + \beta_1 Sub_{t-1} + \beta_2 OC_{t-1} + \beta_3 OC_t \times Sub_{t-1} + \beta_4 Size_{t-1} + \beta_5 Debt_{t-1}$$
$$+ \beta_6 ROA_{t-1} + \beta_7 CF_{t-1} + \beta_8 Growth_{t-1} + \beta_9 DDR_{t-1} + \beta_{10} MSR_{t-1}$$
$$+ \beta_{11} Nature_{t-1} + \beta_{12} DM_{t-1} + \beta_{13} Year + \beta_{14} Industry + \varepsilon \qquad (7.6)$$

7.4　实证结果及分析

7.4.1　描述性统计

运用 Stata 14.0 软件进行描述性统计，结果如表 7 - 2 所示。由于公司并购决策是虚拟变量，作为被解释变量统计意义较小，所以未包括。公司并购金额的标准差为 1.59e + 08，说明不同上市公司并购发生的金额有较大差异；政府补助金额的均值为 8.48e + 08，标准差为 3.28e + 09，说明从整体上来看，我国 A 股上市公司获得的政府补助数额较大，而且各公司之间差异比较明显；管理层信心的均值为 0.446，说明我国 A 股上市公司中有 40% 以上的管理层存在自信心理；公司规模的标准差为 1.239，说明现阶段我国 A 股上市公司的规模参差不齐；公司成长性的极小值为 - 0.911，极大值为 4.712，说明我国 A 股上市公司营业收入增长率存在较大差异；独立董事比例均值 0.373，这符合我国政策规定的董事会构造，对保护股东利益有积极意义；其他变量的标准差都较小，分布比较均匀，说明数据选取合适。

表 7 - 2　　　　　　　　　　　　　　描述性统计

变量	N	均值	标准差	极小值	极大值
MA	4252	4.48e + 07	1.59e + 08	14800	3.99e + 09
Sub	4252	8.48e + 08	3.28e + 09	3001	1.08e + 11

变量	N	均值	标准差	极小值	极大值
OC	4252	0.446	0.497	0	1
Size	4252	22.074	1.239	18.291	27.955
Debt	4252	0.427	0.220	0.008	2.992
ROA	4252	0.049	0.058	−0.527	1.560
CF	4252	0.039	0.098	−4.270	0.494
Growth	4252	0.224	0.436	−0.911	4.712
DDR	4252	0.373	0.056	0.182	0.714
MSR	4252	0.151	0.211	0	0.892
Nature	4252	0.312	0.463	0	1
DM	4252	0.731	0.444	0	1

7.4.2　相关性分析

对变量进行相关性检验，结果如表 7 - 3 所示。从表 7 - 3 显示的为 Pearson 相关系数可以看到，公司并购金额与政府补助之间具有在 1% 的水平上的显著正相关关系，相关系数为 0.1652，初步表明上市公司获得政府补助会正向促进并购的发生。此外，被解释变量与所选取的控制变量之间也大都存在显著相关关系，相关性初步检验假设一是成立的。管理层信心与公司并购规模的相关系数为 −0.0086，但不显著，有关管理层信心与政府补助对于公司并购规模的共同作用的具体情况还需要进一步的检验。可以看到，解释变量与控制变量之间的相关系数基本低于 0.4，不存在显著共线性问题，可以采用多元回归对其进行分析。

変量的相关性检验

表7-3

变量	MA	Sub	OC	Size	Debt	ROA	CF	Growth	DDR	MSR	Nature	DM
MA	1											
Sub	0.1652***	1										
OC	-0.0086	-0.0417***	1									
Size	0.4140***	0.2002***	0.0667***	1								
Debt	0.1641***	0.1032***	-0.0082	0.5378***	1							
ROA	-0.0189	-0.0566***	0.0953***	-0.0842***	-0.3658***	1						
CF	0.0542***	0.0287***	0.0057	0.0409***	-0.1428***	-0.0394**	1					
Growth	-0.0284*	-0.0279*	0.0974***	0.0312***	0.0472***	0.1647***	-0.0045	1				
DDR	0.0233	0.0291*	-0.0138	-0.0083	-0.0120	-0.0202	-0.0266*	-0.0101	1			
MSR	-0.1312***	-0.0635***	-0.0109	-0.3730***	-0.3849***	0.1600***	-0.0113	0.0610***	0.0583***	1		
Nature	0.1724***	0.081***	-0.0053	0.3315***	0.3162***	-0.1114***	-0.0104	-0.0618***	-0.0275*	-0.4603***	1	
DM	0.0672***	0.0312***	0.0055	0.1810***	0.1624***	-0.0383***	0.0339**	-0.0171	-0.0980***	-0.2306***	0.2612***	1

注：***、**、*分别表示在1%、5%、10%水平上显著。

7.4.3 回归结果分析

1. 假设 7 - 1 的实证检验结果

因为模型（7.3）、模型（7.4）中被解释变量 MADUM 是并购哑变量，所以本书采用 Logit 回归验证假设 7 - 1，回归结果如表 7 - 4 所示。由结果可以看出，公司并购决策与获得的政府补助并没有显著的相关关系，管理者信心与政府补助的交乘项也不显著。即上期公司获得的政府补助对本期做出的并购决策没有显著影响，管理者信心在二者关系间也没有发挥调节作用。可能的原因有：（1）政府补助作为一种政府引导企业投资的重要方式，具有方向性的意味；（2）上市公司的并购决策很大一部分是根据公司的战略发展方向、市场环境等所做出的，公司上期获得多少政府补助并不会改变公司战略规划。如果公司确实制定了相应的并购计划，即使内部现金流并不充足，公司也可以通过外部融资等方式实施，并不会过度依赖政府补助；（3）本书在 Logit 回归中所用数据是建立在上市公司已经获得政府补助的基础上，如果当地政府确实要运用政府补助对公司经营进行引导，并购行为的发生就不取决于管理层的心理状态，而更多地将会受地方政府政策意图的影响。因此，假设 7 - 1 并未得到验证。

表 7 - 4 假设 7 - 1 的 Logit 回归结果

变量	模型（7.3）	模型（7.4）
Sub	- 1. 7544 (0. 366)	- 1. 7420 (0. 371)
OC		- 0. 0140 (0. 724)
Sub × OC		0. 5065 (0. 897)
Size	0. 0666 *** (0. 001)	0. 0668 *** (0. 001)
Debt	0. 1161 (0. 340)	0. 1156 (0. 343)

变量	模型（7.3）	模型（7.4）
ROA	1.3114 *** (0.001)	1.3190 *** (0.001)
CF	−0.6652 ** (0.014)	−0.6672 ** (0.013)
Growth	0.2192 *** (0.000)	0.2196 *** (0.000)
DDR	0.1330 (0.701)	0.1304 (0.706)
MSR	0.4715 *** (0.000)	0.4706 *** (0.000)
Nature	−0.3956 *** (0.000)	−0.3957 *** (0.000)
DM	−0.0447 (0.331)	−0.0448 (0.331)
Year	—	—
Industry	—	—
Observations	12 955	12 955
Pseudo R^2	0.0212	0.0212

注：*** 、** 、* 分别表示在1%、5%、10%水平上显著，括号中的数字表示双尾检验的 t 值。

2. 假设7-2的实证检验结果

模型（7.5）和模型（7.6）的回归结果如表7-5所示。实证结果显示，政府补助与公司并购规模之间存在显著的正相关关系，假设7-2a得以验证。公司规模与公司并购规模在1%的水平上呈显著正相关，说明期初的公司规模越大，一般获得的资源比较充分，本期有更充裕的资金进行更多的并购活动。可用现金流量与公司并购规模没有显著的相关性，可能与模型所使用的是经营活动产生的现金流量有关。原因为：一方面，由于公司并购支付方式的多样性导致很少有公司全部使用现金支付，融资影响筹资活动现金流量而非经营活动现金流量；另一方面，公司对于并购失败的风险可能比较敏感，而且倾向于维持现状，因此当经营活动产生的现金流充裕时，公司可能更愿意进行内部扩张，反而不倾向于实施并购。公司成长性与公司并购规模在5%的水平上呈显著负相关，说明公司上期的成长性即营业收入增长率越高，可能会进行更多的内部投资，反而不大可能刺激公司本期发生更大的并购活动。

表 7 - 5　　　　　　　　　　　假设 7 - 2 的 OLS 回归结果

变量	模型 （7.5）	模型 （7.6）
Sub	0.0043 *** (0.000)	0.0038 *** (0.000)
OC		-9810891 ** (0.030)
Sub × OC		-0.0020 (0.201)
Size	6.05e + 07 *** (0.000)	6.11e + 07 *** (0.000)
Debt	-2.12e + 07 (0.130)	-2.24e + 07 (0.110)
ROA	9384975 (0.825)	1.34e + 07 (0.753)
CF	1397272 (0.951)	1890332 (0.934)
Growth	-1.17e + 07 ** (0.024)	-1.11e + 07 ** (0.032)
DDR	9.24e + 07 ** (0.017)	9.21e + 07 ** (0.018)
MSR	2.29e + 07 * (0.065)	2.28e + 07 * (0.067)
Nature	1.49e + 07 *** (0.010)	1.46e + 07 ** (0.012)
DM	-1466538 (0.775)	-1650405 (0.748)
Year	—	—
Industry	—	—
Observations	4252	4252
R-Squared	0.2226	0.2238

注：*** 、 ** 、 * 分别表示在 1%、5%、10% 水平上显著，括号中的数字表示双尾检验的 t 值。

公司的治理结构会影响管理层决策，国外学者通过实证研究证明了公司治理结构可以缓解管理层的非理性行为。但在本书的回归结果中，关于独立董事比例与公司并购规模的关系却为正相关，这可能与我国上市公司处于经济转型和新兴市场的特定阶段，公司治理结构还不够完善、有效，独立董事在上市公司决策中未发挥显著作用有关。管理层持股比例与公司并购规模仅在 10% 的水平呈正相关，可能是因为多数公司高管持股的数量在公司总股数中的比例仍较小，公司并购决策并非日常经营活动，而是公司重大战略，应更多地取决于董事会决策，而非管理层。公司实际控制人性质与公司并购规模在 1% 的水平上呈显著正相关，说明控制人性质为国有，公司本期可能会进行更大规模的并购活动，这与国有上市公司具备更多的优势有关。此外，资产负债率、总资产收益率以及是否两职分离与公司并购规模没有显著的相关性。

在模型（7.6）中，加入了调节变量管理层信心，回归结果显示交互项 Sub × OC 没有通过检验，说明管理层信心并没有在政府补助与公司并购的相关关系中发挥调节作用，该结果在一定程度上也与姜付秀（2009）"管理者信心与企业外部扩张（并购）之间的关系并不显著"相一致。或者也可能是政府补助作为政府影响公司投资的重要方式，在一定程度上并不受到管理层信心的干扰。所以本书中的假设 7 - 2b 没有得到验证。

7.4.4 稳健性检验

考虑到企业并购周期较长，政府补助的影响可能会存在滞后性，所以前文中政府补助采用的是滞后一期的数据。也因政府补助存在滞后性，所以不能将二者除以同一期的利润总额、营业收入或总资产进行标准化。因此，本书采用将控制变量中的 Size 和 ROA 进行替换的方法进行稳健性检验。具体做法：企业规模由总资产取对数换成营业收入取对数衡量、用 ROE 替换控制变量中的 ROA，剔除掉相应的缺失值后样本中剩下 4244 个数据，对模型（7.5）、模型（7.6）再次进行回归分析（见表 7 - 6）。结果为：（1）政府补助与公司并购规模之间具有显著的正相关关系；（2）管理者信心并没有在政府补助与公司并购规模的相关关系中发挥调节作用。这两个结论与前文的实证结果保持一致，说明本书的研究结论具有稳健性。

表 7 - 6   假设 7 - 2 的稳健性检验结果

变量	模型 (7.5)	模型 (7.6)
Sub	0.0049 *** (0.000)	0.0045 *** (0.000)
OC		-4707478 (0.307)
Sub × OC		-0.0014 (0.364)
Size	6.62e + 07 *** (0.000)	4.64e + 07 *** (0.000)
Debt	-2.01e + 07 (0.168)	-2.08e + 07 (0.155)
ROE	2501522 (0.807)	2457679 (0.811)
CF	-1.49e + 07 (0.647)	-1.47e + 07 (0.653)
Growth	-1.56e + 07 *** (0.003)	-1.53e + 07 *** (0.004)
DDR	1.06e + 08 *** (0.008)	1.05e + 08 *** (0.008)
MSR	1.87e + 07 (0.142)	1.85e + 07 (0.145)
Nature	1.63e + 07 *** (0.006)	1.61e + 07 *** (0.007)
DM	-1556363 (0.767)	-1673213 (0.750)
Year	—	—
Industry	—	—
Observations	4244	4244
R-Squared	0.1855	0.1855

注: *** 、 ** 、 * 分别表示在 1% 、5% 、10% 水平上显著，括号中的数字表示双尾检验的 t 值。

7.5　进一步研究

政府补助并不会改变上市公司的并购决策，也不受管理者自信程度的影响。但是政府补助确实会增加公司的现金流，因此对发生并购活动的上市公司支付的并购金额构成影响，即影响公司并购规模，但并不受管理者信心的干扰。那么如此大规模的并购是否有助于提高公司绩效，下文将进一步检验。

公司在获得政府补助准备对外进行扩张时，管理者往往会对自身管理和创造财富的能力进行较高的预判，从而推动净现值为负的并购活动发生，导致绩效短期并不理想。此外，管理层对整合目标公司实现协同效应方面过于乐观，导致对目标公司的市场价值评估有误，最终实现的并购交易损害收购公司绩效。大部分国内学者对并购绩效的研究结果与国外研究结果一致，即认为并购公司的绩效在并购发生之后显著降低。基于上述的分析，本书做出如下假设：

假设 7 - 3：上市公司并购金额对并购后的绩效具有负向影响作用。

对于公司并购绩效的衡量方法，主要分为两大类：一种是事件研究法，即股票事件研究法。陈仕华等（2013）用累计超额收益率代表短期并购绩效，长期并购绩效用购买并持有超常收益（BHAR）和总资产收益率变化值（ΔROA）代表。此后，潘红波和余明桂（2014）、宋晓华和蒋雨晗（2016）、李曜和宋贺（2017）等都用这些指标进行企业并购绩效的研究。另一种是会计指标研究法，肖明等（2017）用 $ROA_{i,t}$ 来衡量企业并购绩效，李善民和陈文婷（2010）用 ROE 衡量企业并购绩效。本书采用 $ROA_{i,t}$ 对企业并购绩效进行衡量。

1. 模型构建

为了检验公司并购金额与并购后绩效之间的关系，建立回归模型（7.7）：

$$ROA_{i,t} = \beta_0 + \beta_1 MA_{t-1} + \beta_2 Size_{t-1} + \beta_3 Debt_{t-1} + \beta_4 CF_{t-1} + \beta_5 Growth_{t-1}$$
$$+ \beta_6 DDR_{t-1} + \beta_7 MSR_{t-1} + \beta_8 Nature_{t-1} + \beta_9 DM_{t-1} + \beta_{10} Year$$
$$+ \beta_{11} Industry + \varepsilon \tag{7.7}$$

2. 实证检验结果

采用 OLS 回归，结果如表 7 - 7 所示。从模型（7.7）的回归检验中可以看出，公司并购绩效与公司并购规模在 5% 的水平上显著负相关，说明上市公司在得到政府补助时进行的并购反而会降低后续绩效。同时 R^2 大于 0.1，说明整体模型对并购后业绩具有一定程度解释力。

表 7 – 7 假设 7 – 3 的 OLS 回归结果

变量	模型 (7.7)
MA	− 0. 2801 ** (− 2. 55)
Size	0. 0063 *** (6. 78)
Debt	− 0. 0896 *** (− 17. 38)
CF	0. 1023 *** (11. 22)
Growth	0. 002 *** (2. 57)
DDR	− 0. 0398 *** (− 2. 57)
MSR	0. 0119 ** (2. 42)
Nature	− 0. 0045 ** (− 1. 96)
DM	− 0. 0003 (− 0. 13)
Year	—
Industry	—
Observations	4268
R-Squared	0. 1520

注：*** 、** 、* 分别表示在 1%、5%、10% 水平上显著，括号中的数字表示双尾检验的 t 值。

7.6 研究小结

本书采用我国 A 股上市公司 2011 ~ 2017 年的数据，验证了政府补助与公司并购决策、并购规模之间的相关关系，管理层信心对政府补助与公司并购关系的调节作用，以及公司并购规模对并购后绩效的影响。研究结果表明：（1）公司上期获得政府补助与本期管理层做出的并购决策并无显著相关关系，且管理层信心对二者关系也没有影响；（2）公司上期获得的政府补助与本期并购规模呈显著正相关关系，但管理者信心对政府补助与并购规模之间的关系并未产生显著影响；（3）上市公司虽然倾向于通过获取政府补助开展并购，但是并购后公司的业绩表现并不理想。

对于具有对外扩张意图的企业而言，争取获得更多的政府补助，在现金流充足的情况下更好地完成对外扩张，实现企业的战略布局和多方位发展，这不仅有利于企业规模的扩大，也有利于促进国家的经济发展。但是，在进行并购扩张时，也可能由于补助资金的成本较低，导致管理层在使用过程中并不珍惜，资金使用效率反而降低，企业并购后的绩效也并不理想。为了使政府补助能够最大限度地发挥效用，政府要完善补助发放的筛选程序，对一些发展前景良好的企业要加大补助力度，使其更好地带动当地经济的发展；而对于发展思路不清晰、盲目获取补助扩张的企业，则应及时叫停，避免政府资金被浪费。

第8章

创新是否能提高政府补助的使用效率

在中国特色社会主义市场经济下，政府对市场进行适当的引导和调节是必不可少的。同时，在财政分权的体制下，地方政府会根据各地区经济、就业和企业发展等实际情况考虑，对地方企业给予不同程度的指引和帮扶，其中，最为直接的举措就是为企业提供政府补助。从 2012 ~ 2019 年，上市公司取得的政府补助总额不断增加，总体呈上升趋势。2012 年政府补助总额为 1038.09 亿元，2019 年增长到 2771.43 亿元，是 2012 年的 2.67 倍。取得政府补助的上市公司数量逐年递增，从 2012 年的 2384 家上升到 2018 年的 3371 家，占比由 63% 上升至 90.25%。政府补助力度逐步加大，企业实力持续增强。但在此过程中，可能部分企业出现产能利用率不够充分的问题。2017 年的中央经济工作会议坚持继续推进制造行业产能的使用效率，鼓励企业打造核心竞争力，通过多措并举的方式增强企业创新能力，推进多家大型制造业企业进行并购整合。各级地方政府也在中央政策的指引下，通过政府补助的方式帮助企业转型升级。从全局和长远来看，中央和地方政府补助的目的明确，即引导积极的投资方向，整合产业结构，加快企业的转型升级。那么，在改革不断推进和深化的过程中，如何能更有效地发挥政府补助的作用是问题的关键所在。

从现有文献看，企业的产能利用率问题一直是学术界关注的重点。本章从政府补助视角切入，采用制造业为样本，使用柯布—道格拉斯生产函数，研究微观层面政府补助与企业产能利用率之间的关系，尝试构建政府补助、企业产能利用率与企业创新三者关系的逻辑链条，寻找提高政府补助使用效率的途径，并验证企业创新在其中发挥的作用。

8.1　理论分析与研究假设

现有文献关于产能利用率的研究，国内外学者主要有以下四种观点：一是在信息不完全对称的情况下，企业决策者对前景良好的产业达成社会共识而进行投资，导致"潮涌现象"（林毅夫等，2010）或"羊群效应"（胡晓光，2018）；二是由于经济运行会产生周期性波动，而产能利用率变化是经济波动的一个正常现象（孙巍等，2008）；三是宏观环境，土地政策、金融体系、环境治理制度等也会对产能利用率构成影响（江飞涛等，2012；韩国高等，2011；时磊，2013）；四是由于地方政府对企业的帮扶，可能带来资本要素价格波动，进而影响企业的产能利用率（江飞涛等，2009；刘奕等，2018；吴春雅等，2015）。政府补助是政府对市场经济中企业的指引和帮扶，中央政府和地方政府给予企业的补助资金必然会对企业带来多重影响。企业获取政府补助之后，补助资金帮助企业扩大投资的同时，也能够实现一些政策目标如带动就业等，补助资金在不同时期和地域发挥的作用也存在差异。为了具体研究政府补助对企业产能利用率的影响，本书提出以下假设。

假设 8 - 1：政府补助与产能利用率呈正相关。

8.2　研究设计

8.2.1　样本选取与数据来源

在研究制造行业上市公司政府补助与产能利用率关系时，考虑到数据的可获得性，以 2012～2017 年沪深 A 股制造行业上市公司为研究样本，对数据进行如下处理：（1）剔除造纸、印刷、其他制造行业的样本，因为这些企业样本数据较少且不全，难以测算其产能利用率；（2）剔除 ST 和 *ST 状态的样本，因为这两类上市企业财务状况较差，属于异常值，会对结果产生影响；（3）剔除所需数据缺失的样本，由于部分公司并非 2012～2017 年皆有数据，因而样本为非平衡面板，需剔除。上市公司财务数据主要来自 CSMAR 数据库。本章以政府补助变量为基础对所有数据在 1% 和 99% 分位上进行了 Winsorize 处理，最终得到观测值 4205 个。使用软件 Stata14.0 进行分析。

8.2.2　变量的定义及选取

1. 被解释变量的选取

从企业微观层面来说，产能利用率（CU）是指企业生产能力的使用效率，国内外学者在研究产能利用率问题时普遍采用实际产出与潜在产能之比。在测算的过程中，企业的实际生产能力可以直接获取，但是设计生产能力即潜在产能需通过间接测算而得，目前国内外学者采用的测算方法主要有峰值法、生产函数法、成本函数法和数据包络分析法（DEA）。峰值法（沈利生，1999）是假定投入与产出之间存在固定的关系，从而能够根据数据估算设计产出结果，但是其设计产出忽视了各期间资本、结构、规模的变化，计算结果有失偏颇；成本函数法（Morrison，1985；孙巍等，2009；韩国高，2011）有较强的理论基础，综合考虑了各因素对设计生产能力的影响，但学术界没有对成本函数与潜在产能之间的关系形成一致结论，且其推导和计算需要用到大量的方程、数据进行支撑，计算复杂；数据包络分析法（Johanson，1968；Kirkley，2002）是使用数学规划模型，评价具有多投入、多产出的"部门"和"单元"相对有效的方法，进而判断实际产出是否最优化，但此方法容易受到极端值的影响，降低了结果的可信度。

生产函数法具备经济增长的理论基础，基于技术产能定义测度设计生产能力，同时分析技术、劳动力和资本对产出的影响。并且在实际测算时，满足其数据的可获得性，是近年来学者们普遍使用的测算方法之一。它首先通过设定生产函数，利用计量方法根据相关数据计算出边界生产函数，然后根据此函数进一步采用实际数据估计出企业不同年份的潜在产能，最后计算实际产出与潜在产能二者之比，即产能利用率。由于不同行业的最大潜在产能与需要投入的劳动力、资本、技术不尽相同，为保证测算结果的准确性，本书对制造业进行分类，分为医药、食品、电子、服装、机械、金属、非金属、木材家具、石油行业，并采用生产函数法对我国制造业不同行业的产能利用率进行测算。

本书借鉴理查德和泰勒（Richard and Taylor，1985）采用柯布—道格拉斯生产函数（C – D）推演边界生产函数，其基本形式为：

$$Y = f (K, L, A) e^u = AK^\alpha L^\beta e^u \tag{8.1}$$

式（8.1）中，Y 为实际产出，K 为资本要素投入，L 为劳动要素投入，A 为技术水平，参数 α 和 β 分别为资本要素投入和劳动要素投入的产出弹性，其中 $0 < \alpha < 1$，$0 < \beta < 1$，且 $\alpha + \beta = 1$。

对式（8.1）两边取对数，可得：

$$\ln Y_{it} = \alpha \ln K_{it} + \beta \ln L_{it} + \ln A - \mu \tag{8.2}$$

将生产函数推演到边界，因此，边界生产函数的基本形式为：

$$\ln Y_{it}^* = \alpha \ln K_{it} + \beta \ln L_{it} + \ln A \tag{8.3}$$

式（8.3）中 Y_{it}^* 表示潜在产能。令 $\ln A = a$，$E(\mu) = \delta$，代入式（8.2）得：

$$\ln Y_{it} = \alpha \ln K_{it} + \beta \ln L_{it} + (a - \delta) - (\mu - \delta) \tag{8.4}$$

因为 $E(\mu - \delta) = 0$，利用最小二乘法可求平均生产函数为：

$$\ln \hat{Y}_{it} = \hat{\alpha} \ln K_{it} + \hat{\beta} \ln L_{it} + (a - \hat{\delta}) \tag{8.5}$$

根据边界生产函数的性质进而得：

$$\max(\ln Y_{it} - \ln \hat{Y}_{it}) = \max\{\ln Y_{it} - [\hat{\alpha} \ln K_{it} + \hat{\beta} \ln L_{it} + (a - \hat{\delta})]\} \tag{8.6}$$

式（8.6）为估计值，进一步推导，边界生产函数为：

$$\hat{Y}_{it} = e^{\hat{\delta}} K_{it}^{\hat{\alpha}} L_{it}^{\hat{\beta}} \tag{8.7}$$

计算产能利用率为：

$$CU_{it} = \frac{Y_{it}}{\hat{Y}_{it}} \tag{8.8}$$

研究样本为沪深 A 股制造业 843 家上市公司，财务数据均来自 CSMAR 数据库，时间跨度为 2013～2017 年。在对柯布—道格拉斯生产函数（C－D）指标的选取上，借鉴王辉（2015）等的方式，资本要素投入指标选取年末固定资产余额净值，劳动要素投入指标选取年末企业在职职工人数，实际产出指标选取年末主营业务收入。

2. 解释变量的选取

《企业会计准则第 16 号——政府补助》中规定，政府补助是指企业从政府无偿取得货币性或非货币性资产，但不包括政府作为企业所有者投入的资本。考虑到政府补助对企业影响具有一定的周期，故前期的政府补助会对当期企业的生产能力产生重要影响，因此政府补助采用滞后一期数据。本书借鉴郭剑花、杜兴强（2011）的研究，选择政府补助占营业收入的比例作为政府补助的代理变量。

3. 控制变量的选取

财务杠杆，即资产负债率，为期末总负债与期末总资产之比；公司成长性，为营业收入增长率；融资成本，为利息支出与主营业务收入之比；上市年龄，为企业的上市年数；企业规模，企业规模反映企业支持企业创新投入的能力以及企业承受风险的能力，企业规模采用企业期末总资产的自然对数；所有权性质，未来区分在国有企业和民营企业中政府补助对产能利用率的影响的差异，将所有制设为哑变量，国有企业取 1，非国有企业取 0；资产周转率，为年末营业总收入与年末资产总额之比；总资产收益率，为年末净利润与年末总资产之比。此外，本书同时对年度进行了控制。变量说明见表 8 - 1。

表 8 - 1 变量的定义及测算方法

变量类型	变量名称	变量代码	变量测算
被解释变量	产能利用率	CU	主营业务收入/潜在产能
解释变量	政府补助	Sub	政府补助/营业收入
控制变量	研发强度	R&D	研发投入/营业收入
	财务杠杆	Lev	负债总额/资产总额
	公司成长性	Growth	（当期营业收入 - 上期营业收入）/上期营业收入
	融资成本	Lnt	利息支出/主营业务收入
	上市年龄	Age	上市年数
	公司规模	Size	总资产的自然对数
	资产周转率	Tat	营业收入/资产总额
	总资产收益率	Roa	净利润/总资产
	所有权性质	State	国企为 1，非国企为 0
	年度	Year	虚拟变量，2013 ~ 2017 年

8.2.3　模型设计

为验证假设 8 – 1，首先构建政府补助对制造业产能利用率的基准模型：

$$CU = \beta_0 + \beta_1 Sub + \beta_2 Lev + \beta_3 Growth + \beta_4 Lnt + \beta_5 Age + \beta_6 Size + \beta_7 Tat$$
$$+ \beta_8 Roe + \beta_9 State + \sum Year + \varepsilon \qquad\qquad (8.9)$$

8.3　实证结果及分析

8.3.1　描述性统计分析

数据处理运用 Stata14.0 软件，表 8 – 2 对模型（8.9）和模型（8.10）中各个变量进行了描述性统计。产能利用率（被解释变量）的平均值为 0.437，说明我国制造业产能利用率不够充分，还有很大的优化空间。核心解释变量政府补助的平均值为 0.012，标准差为 0.014，标准差较小，总体来说，制造业获取政府补助占营业收入的比例相差不大。控制变量中，资产负债率和营业收入增长率的极大值与极小值相差较大，说明制造业之间的偿债能力和发展能力存在较大差异，这与企业的具体类型和业务特点相关。总资产收益率的平均值为 0.045，标准差为 0.052，说明制造业企业个体盈利能力还是存在一定差异，轻资产企业由于指标的分母较小，所以总资产收益率较高，而部分重资产企业则反之。

表 8 – 2　　　　　　　　　　　　描述性统计

变量	N	均值	标准差	极小值	极大值
CU	4410	0.437	0.320	0.076	2.883
Sub	4410	0.012	0.014	0.001	0.181
Lev	4410	0.379	0.192	0.001	0.979
Growth	4410	0.191	0.617	− 0.765	15.856
Lnt	4410	5.56e − 06	0.001	0.000	0.012
Age	4410	9.516	6.138	1.000	27.000

续表

变量	N	均值	标准差	极小值	极大值
Size	4410	22.050	1.048	19.109	26.063
Tat	4410	0.667	0.494	0.415	10.586
Roa	4410	0.045	0.052	-0.226	0.347
State	4410	0.302	0.459	0.000	1.000

8.3.2 样本相关性分析

表 8-3 是模型（8.9）和模型（8.10）中各个变量的相关系数。可以看出，企业的产能利用率与政府补助之间具有相关关系，相关系数为 -0.1917，在 1% 的水平上显著，初步说明企业获取政府补助后产能利用率略有下降。被解释变量与所选取的控制变量之间也大部分存在显著的相关关系，相关性初步检验是成立的。此外，解释变量与控制变量之间也基本存在显著的相关关系，据此可判断不存在共线性问题，能够采用多元回归对其进行分析。

8.3.3 多元回归分析

采用 OLS 回归分析方法，对模型（8.9）进行分析，回归结果如表 8-4 所示。由模型（8.9）回归结果可知，被解释变量产能利用率与解释变量政府补助的系数为 -1.725，且在 1% 的显著水平下显著。实证结果也在一定程度上说明，政府补助资金的使用效率仍有待提高。特别是对于研究样本制造业而言，国家支持生产建设给予大量补助，会带来项目的大批建设，这些建设项目中传统基建和新基建占用资金量很大，这些项目一般建设周期较长，而且产能转化也需要足够的时间，因此实际产能与潜在产能之比会有所降低。同时，政府补助的出发点也具有多重性，并非完全是为了企业盈利，还有更多全社会层面的福利考虑和经济调控需求。因此，不能简单地仅从产能利用率这一单一指标进行判断。

表 8 - 3

变量的相关性检验

变量	CU	Sub	Lev	Growth	Lnt	Age	Size	Tat	Roa	State
CU	1									
Sub	-0.1917***	1								
Lev	0.1791***	-0.0887***	1							
Growth	0.0877***	0.0705***	-0.0105	1						
Lnt	0.0235*	-0.0172	0.0103	0.0034	1					
Age	0.2256***	-0.1092***	0.2798***	-0.0243*	-0.0076	1				
Size	0.3806***	-0.1458***	0.5073*	0.0273*	0.0186	0.4132***	1			
Tat	0.5654***	-0.2257***	0.0650***	0.0611***	-0.0106	0.1956***	0.0885***	1		
Roa	0.1910***	-0.0420***	-0.3536***	0.1619***	0.0026	-0.0477**	0.0113	0.2095***	1	
State	0.1515***	-0.0489**	0.2840***	-0.0375*	-0.0128	0.5612***	0.2846***	0.1032***	-0.1551***	1

注：*** 表示在 1% 的水平上显著，** 表示在 5% 的水平上显著，* 表示在 10% 的水平上显著。

表 8 – 4 模型（8.9）全样本回归分析结果

变量		被解释变量（CU）
解释变量	Sub	− 1. 725 *** （ − 5. 27）
控制变量	Lev	− 0. 074 ** （ − 2. 52）
	Growth	0. 029 *** （ 3. 98）
	Lnt	29. 689 （ 1. 42）
	Age	− 0. 001 （ − 0. 09）
	Size	0. 123 *** （ 23. 21）
	Tat	0. 205 *** （ 29. 43）
	Roa	0. 079 *** （ 0. 98）
	State	0. 022 * （ 1. 86）

注：*** 表示在 1% 的水平上显著，** 表示在 5% 的水平上显著，* 表示在 10% 的水平上显著。括号中的数字表示双尾检验的 t 值。

8.4　进一步研究

为了进一步研究提高政府补助效率的办法，尝试加入创新变量，检验创新因素是否在政府补助对企业产能利用率的影响中发挥调节作用。熊彼特对技术创新理论进行了推动，解释了技术创新的动力来源、与市场和经济的互动机制。进行产品或者服务创新，有利于增强产品的差异化及区分度，形成顾客认可的独特产品，增加产品需求，提高市场占有率，从而提高产能利用率（夏晓华等，2016）。产品创新在市场上来说是一种竞争行为，企业开展研发活动加速了市场产品的更新换代，刺激市场对产品的需求，市场会自发形成倒逼机制，优胜劣汰的作用会减少部分多余产能（孙璞等，2016）。企业创新会对产品结构进行调整，由于企业生产能力和市场需求产能的不均衡带来产品冗余又呈现出高端产品供给不足、低端产品产能利用率的特点，这就反映出可以通过企业创新改善产品结构来提高产能利用率（白雪洁等，2018）。技术创新是对机器设备、工艺流程进行改造，从而淘汰落后设备，处置落后产能，技术创新通过自主创新方式，相较于合作创新、模仿创新，其提高产能利用率的效果更好，即提高自主创新能力才是提高产能利用率的根本途径（温湖炜，2017）。基于以上分析，本书认为企业创新能力的提高、核心竞争力的增强，能够提高供给效率，从而提高产能利用率，这也是政府补助资金的政策出发点。因此，提出以下假设。

假设 8 - 2：企业创新在政府补助与产能利用率之前起正向调节作用。

为了验证假设 8 - 2，构建了模型（8.10）来研究制造业中企业创新在政府补助与产能利用率之间起到的作用。

$$CU = \beta_0 + \beta_1 Sub + \beta_2 R\&D + \beta_3 Sub \times R\&D + \beta_4 Lev + \beta_5 Growth + \beta_6 Lnt$$
$$+ \beta_7 Age + \beta_8 Size + \beta_9 Tat + \beta_{10} Roe + \beta_{11} State + \sum Year + \varepsilon \qquad (8.10)$$

模型（8.10）在模型（8.9）的基础上加入了研发投入强度、政府补助和研发投入强度的交乘项（Sub × R&D）。本书引用温胡炜（2017）等的研究，由于企业研发投入对企业生产能力的影响具有滞后性，即前期的研发投入会影响当期或后期的企业生产能力，因此本书选取滞后一期的研发投入金额。由于企业结构、规模等差距会造成企业研发投入金额的不同，因此本书引用王一卉（2013）等的研究，选取企业的研发投入金额（滞后一期）与营业收入（滞后一期）之比来度量研发强度。

采用 OLS 回归分析方法，对模型（8.10）进行分析，回归结果如表 8 - 5 所示。

表 8 - 5　　　　　　　　　　模型（8.10）回归结果

变量		被解释变量（CU）
解释变量	Sub	- 2.039 *** (- 4.39)

续表

变量		被解释变量（CU）
控制变量	R&D	-0.155 *** (-2.69)
	Sub × R&D	26.769 *** (3.83)
	Lev	-0.002 *** (-0.09)
	Growth	0.020 *** (3.35)
	Lnt	33.621 ** (1.97)
	Age	-0.001 * (-1.45)
	Size	0.101 *** (22.85)
	Tat	0.330 *** (40.42)
	Roa	0.464 *** (5.78)
	State	0.0198 ** (2.02)

注：*** 表示在 1% 的水平上显著，** 表示在 5% 的水平上显著，* 表示在 10% 的水平上显著。括号中的数字表示双尾检验的 t 值。

由模型（8.10）回归结果可知，政府补助与研发强度的交乘项的回归系数为 26.769，在 1% 的显著水平下显著。这说明企业创新在政府补助与产能利用率的关系中起到正向的调节作用。研发强度的增加能够提高制造业的产能利用率，即政府补助资金在研发的作用下，能够更有效地被运用。注重研发有利于企业进行产品创新、技术创新。在当前经济常态下，产品的生命周期不断缩短，顾客需求不断变化，产品创新能够形成顾客认可的独特产品，这也是企业核心竞争能力加强的体现，进而提高市场占有率，提高产能利用率。技术创新一方面对机器设备、工艺流程进行改造，淘汰落后设备；另一方面，技术创新水平的提高是积累经验的同时提高自主能力的长期过程，在一个相当长的时期内逐渐淘汰落后技术，通过迭代创新培育先进技术，这也正是政府补助的主要目的。上述实证结果与假设 8-2 相一致。

从企业自身因素来分析,资产负债率的系数为 - 0.002,且在 1% 的水平上显著,这意味着增大财务杠杆会降低产能利用率。营业增长率的系数为 0.02,且在 1% 的显著水平下显著,说明营业增长率每提高 1 个单元,产能利用率上升 0.02 个单元,在同等条件下,企业的盈利状况越好,产能利用率越高。上市年龄的系数不显著,表明制造业的上市年龄不会显著影响产能利用率。企业规模的系数为 0.101,且在 1% 的水平上显著,说明企业规模越大,越注重其产能的利用。资产周转率和总资产收益率的系数都为正,且在 1% 的水平上显著,说明企业的营运能力和盈利能力会对产能利用率产生正向影响。

综上所述,本书认为在制造业中,政府补助会在一定程度上影响产能利用率,企业创新在政府补助与产能利用率的关系中起到正向的调节作用,能够通过创新活动提高政府补助的使用效率。

为了让研究结构更为可靠,本书对研究政府补助与产能利用率的关系,以及在二者之间加入研发强度这个调节变量这两个模型进行了稳定性检验。本书进行了如下稳定性检验:(1)更换政府补助变量,采用政府补助与总资产的比值进行衡量;(2)更换控制变量总资产收益率,改用净资产收益率,净资产收益率为净利润与净资产的比值。重新对以上模型进行了检验,重复以上步骤,最终结果与前文基本一致。这说明实证结果是可靠的。

8.5 研究小结

8.5.1 研究结论

在当前企业转型升级的大经济环境下,本书检验了政府补助与产能利用率的关系,以及创新在此关系中的调节作用。在实证分析中,选取了 2012 ~ 2017 年沪深 A 股制造业上市公司数据作为研究样本,利用已有数据及柯布—道格拉斯生产函数(C - D)进行产能利用率的测算,验证了政府补助与产能利用率之间的相关关系,并进一步构建政府补助、企业创新、产能利用率三者的逻辑框架,验证创新因素发挥的作用。研究发现:政府补助与产能利用率虽然呈负相关,但企业创新在政府补助与产能利用率之间起正向调节作用,即企业创新在一定程度上会提高政府补助资金的使用效率。

8.5.2　研究启示

基于以上结论，本书建议从以下五个方面优化政府补助的使用效率，从而提高制造业的产能利用率。

（1）各地政府应积极营造健康的市场经济环境，发挥市场经济的作用，通过市场配置社会资源，使企业通过自身的调节能力适应市场需求；企业投资应遵循市场发展规律，具有长期发展的眼光和理念，避免过于关注短期绩效。

（2）地方政府还需不断完善补助资金申请、获批、使用各阶段的全流程、动态监管。并且，根据取得补助资金的企业特点进行细化管理，结合产品属性、投资周期、成果转化周期、产品市场特点等要素，对具体的资金流向、创新成果、新产品转化率等内容进行同步监管。

（3）地方政府还应加强企业创新补助、促进企业创新能力的培养。创新活动能够促进企业转型升级，在一定程度上提高产能利用率，地方政府的补助项目不应仅仅是产能补助，更应重视科技补助，通过补助资金的风向标作用引领企业打造核心科技、提高创新产出。

（4）企业内部仍需提高决策效率，完善内控机制。企业内部的决策机制与政府的外部政策引导应该相辅相成，在政府加大政策引领的同时，企业自身也要优化决策体系，并通过完善内部控制制度提高政府补助资金的使用效率，只有内部和外部同时发力并且协同一致时，国家政策才能发挥最优效果，企业才能在转型升级之路上不断前进。

（5）企业自身还需通过增加创新投入提升创新水平，发挥创新对企业发展的驱动作用。企业自主创新可以从根本上提高产能利用率，无论是产品创新还是技术创新、流程创新等，都会在一定程度上提高其产能利用率，增强核心竞争力。虽然创新具有一定的风险，但企业也要看到创新在更长远意义上对自身乃至整个国家的深远意义，应该在政府宏观政策的指引下结合企业自身特定，打造具有竞争优势的创新人才队伍和核心技术，营造积极向上的创新意识和创新环境，提高创新成果的有效转化率，通过企业实力的增强实现整个国家经济实力的强大。

第9章
上市公司政府补助的案例研究

9.1 智能语音识别第一股——科大讯飞

9.1.1 公司简介和股权结构

科大讯飞股份有限公司（以下简称科大讯飞）成立于 1999 年 12 月 30 日，于 2008 年在深圳证券交易所挂牌上市，股票代码为 002230。该公司前身是安徽中科大讯飞信息科技有限公司，2014 年 4 月 8 日变更为科大讯飞有限公司。科大讯飞专业从事于人工智能技术研究、软件及芯片产品开发、知识服务，人工智能（AI）相关核心技术始终保持国际领先水平。

科大讯飞基于拥有自主知识产权并世界领先的人工智能技术，持续推进"平台＋赛道"的人工智能战略，应用成果不断显现。"平台"上，围绕人工智能开放平台积极构建产业生态；"赛道"上，科大讯飞持续构建垂直入口或行业的刚需＋代差优势，人工智能研究成果在教育、政法等领域实现了规模应用。目前，科大讯飞已在教育、医疗、司法、智能服务、智慧城市、智能家居等领域布局。

以往科大讯飞主要以 To B 业务为主，根据赛迪顾问等研究报告统计，截至 2017 年，科大讯飞占据中文语音产业 70% 以上市场份额，其中涉及移动互联网语音门户、智能家电、呼叫中心、教育考试、公共安全等语音技术应用领域均属于 To B 业务领域。最近两年，科大讯飞正在积极尝试由 To B 业务向 To C 业务转变。

科大讯飞第一大股东为中国移动通信有限公司，实际控制人为刘庆峰，具体前 10 大股东持股情况见表 9 - 1。

表 9－1　2019 年科大讯飞前 10 名股东持股情况

股东名称	股东性质	持股比例	报告期末持股数量	报告期内增减变动情况	持有有限售条件的股份数量	持有无限售条件的股份数量
中国移动通信有限公司	国有法人	12.23%	268797799	0	0	268797799
刘庆峰	境内自然人	5.42%	119151830	−39000000	118613872	537958
中科大资产经营有限责任公司	国有法人	3.80%	83497837	0	0	83497837
香港中央结算有限公司	境外法人	3.08%	67794118	13845929	0	67794118
葛卫东	境内自然人	2.28%	50131692	14740147	14760147	35371545
安徽言知科技有限公司	境内非国有法人	1.77%	39000000	39000000	0	39000000
王仁华	境内自然人	1.50%	32915779	−2379850	0	32915779
中央汇金资产管理有限责任公司	国有法人	1.20%	26437350	0	0	26437350
吴晓如	境内自然人	0.98%	21533690	0	16150267	5383423
胡郁	境内自然人	0.77%	17010952	0	12758213	4252739

资料来源：科大讯飞 2019 年年报。

9.1.2　多维度看公司业绩

虽然科大讯飞在语音产业算是 A 股市场的科技龙头，但有数据显示，科大讯飞在技术优势语音识别领域的识别率达 98%，其他科技企业的语音翻译准确度在 95%～97%，各企业之间在基础应用领域上难以拉开差距。同时随着 AI 技术的不断发展、互联网技术的不断普及，许多互联网巨头公司纷纷进军语音领域，增强了行业竞争压力。BAT（即百度、阿里巴巴、腾讯）曾经是科大讯飞的重要客户，现如今它们都开始使用自己研发的语音技术。目前，腾讯所有语音端都采用自身的技术；阿里的淘宝、支付宝电话客服质检、天猫精灵、优酷、虾米音乐也开始应用自己的语音技术；百度更是如此，其人工智能两翼之一的 DuerOS 平台直接将语音识别技术能力免费开放，深入手机、智能电视、影音娱乐、出行、O2O、翻译、教育等各细分场景。相比较而言，在智能语音市场中，BAT 拥有海量的用户数据，而科大讯飞缺乏文字、图像等各个场景的大数据支撑，BAT 这样的巨头企业无疑给科大讯飞带来了巨大的威胁。

1. 研发投入与研发资本化

面对市场的强有力竞争和产品的不断更新换代，科大讯飞不得不加大公司的研发，争取在产品的差异化上取得一定的优势，来保住自己科技龙头的位置。因此，科大讯飞的研发投入逐年增加，根据 2019 年年报显示，科大讯飞的研发投入高达 21.43 亿元，较 2018 年同比上涨了 20.91%。

根据会计准则规定，研发投入分为费用化和资本化处理，研发投入资本化金额先记入"开发支出"，达到预定可使用状态时转到"无形资产"，研发投入资本化的部分无疑会减轻企业当年度的利润压力。所以研发投入资本化还是费用化，被很多上市公司特别是研发投入多的科技公司作为盈余管理的一种便捷方式，成为调节利润的蓄水池。研发投入费用化是影响企业当年的利润，而研发投入资本化可以在以后年度内摊销。但如果企业研发投入的资本化率较高，虽然会增加企业当期利润，但以后年度产生的无形资产摊销金额会削弱企业未来的利润，这就造成了"寅吃卯粮"的后果。

图 9-1 是科大讯飞 2014～2019 年研发投入的数据分析趋势。从图 9-1 中可以看出，科大讯飞研发投入资本化率在近四年处于 50% 左右，该数据明显高于同行业其他公司。并且科大讯飞在研发方面能有如此大的支出，得益于

企业每年从政府取得的大额政府补助，政府对企业的扶持力度和支持态度是非常明确的。

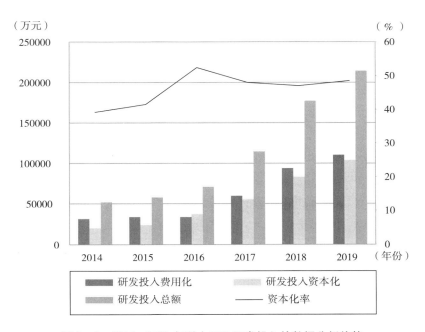

图 9 - 1　2014～2019 年科大讯飞研发投入的数据分析趋势

资料来源：科大讯飞 2014～2019 年年报。

在 A 股上市的软件开发公司中，科大讯飞 2016～2018 年的研发投入排名第三，排名第一的紫光股份三年内的研发投入达到 63.69 亿元，但资本化率仅为 0.2%；排名第二的三六零将三年内研发投入的 50.83 亿元全部费用化。相比之下，科大讯飞的研发资本化率偏高很多，可以算是偏激进的策略，长期将研发投入资本化的反作用便是无形资产奇高，无形资产占总资产的比重逐年升高。并且科大讯飞对无形资产会计摊销方法规定，非专利技术 8～10 年摊销完毕，自研软件 2 - 5 年摊销完毕，也就意味着科大讯飞以后各年的利润增长会因无形资产的摊销而面临很大的业绩增长阻力。

从图 9 - 2 可以看出，2017～2019 年，科大讯飞的净利润均低于当年的研发投入费用化和资本化的部分，而且根据图 9 - 1 我们可以了解到，科大讯飞这三年的资本化率为 50% 左右，也就意味着，如果科大讯飞在这三年中不将这部分研发投入进行资本化处理，则可能导致亏损，甚至有被"带帽"或者停牌的危险。

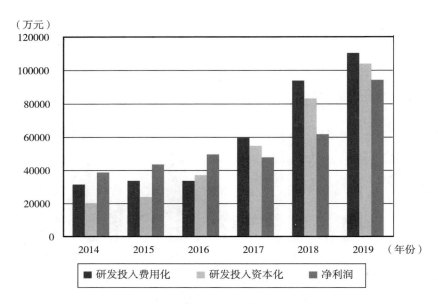

图 9 – 2　2014 ～ 2019 年科大讯飞研发投入与利润的数据分析

资料来源：科大讯飞 2014 ～ 2019 年年报。

2. 跌宕起伏的净利润

从科大讯飞公布的 2019 年年度财务报告上看，该公司形势一片大好，营业收入同比增长 27.30%，实现归母公司所有者的净利润同比上涨 51.12%，当期归属于上市公司股东的扣除非经常性损益的净利润同比上涨了 83.52%。总体上看，科大讯飞在 2019 年度公司的业绩表现十分亮眼。但是亮眼的背后也潜藏着一些问题，科大讯飞非经常损益占据了公司归母净利润的一半，从利润的组成来看，不难发现，科大讯飞净利润中的最大增长点不是来源于企业创收，而是来源于政府补助，这也是科大讯飞一直以来被资本市场质疑的地方。

从图 9 – 3 可以看出，科大讯飞营业收入数额节节攀升，虽然近两年营业利润同比增长幅度有所下降，但是 2019 年度营业收入也突破了百亿元大关，年报数据看起来较好。但值得注意的是，2019 年科大讯飞经营性应收账款创出了历史新高 53.08 亿元，从增量上看，2019 年公司营业收入增长 21.62 亿元，经营性应收账款增加 17.17 亿元，占比高达 79.42%，可以说公司 2019 年的营收增长换来的几乎全是"账"，在这种情况下，营业收入中最大的增长点仍然是政府补助，体现出科大讯飞对补助资金的依存度很高。

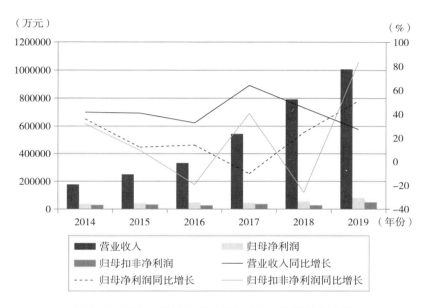

图 9 - 3　2014～2019 年科大讯飞收入、利润数据分析

资料来源：科大讯飞 2014～2019 年年报。

反观科大讯飞的净利润时，就显得有些"跌宕起伏"了。除 2019 年，科大讯飞利润的增长速度明显低于营业收入的增长速度，并且在 2017 年净利润还出现了负增长的情况，下降了 10.27%，由此可见，软件开发行业的竞争激烈现象，对科大讯飞的盈利情况产生了一定的影响。同时科大讯飞 2018 年归母净利润与归母扣非净利润金额出现一增一降的变化十分让人疑惑，这一现象也与大额的政府补助有关。科大讯飞 2017 年的归母净利润同比增长和归母扣非净利润同比增长，与 2016 年和 2018 年出现反向变动的情况，其主要原因也是政府补助导致的，因为科大讯飞在 2017 年获取的政府补助金额下降，导致在计算归母扣非净利润时扣除的金额大幅减少，所以出现了反向变动的情况。

3. "内生并购"扩规模，净利率骤降

顶着 AI 智能高科技公司的光环，科大讯飞给自身的定位一直都是技术创新型公司，坚持战略性扩张，科大讯飞自 2008 年上市以来，营收规模突飞猛进。从 2013 年起，公司先后收购了启明科技、上海瑞元、启明玩具、安徽信投、乐知行、讯飞皆成等多家公司。科大讯飞近几年增加的这些子公司，让合并报表中的总资产从 2014 年的 51.7 亿元增至 2019 年的 201 亿元。管理层曾对外表示，公司所实施的都是贴合主营业务的"内生式并购"，并非单纯为了扩充报表。这一做法当然也让科大讯飞的营业收入不断大踏步前进。

如图 9-4 所示，2014~2019 年，科大讯飞的营业收入增长显著，而且公司的毛利率一直保持着较高的水平，证明公司坚持战略性扩张，"内生并购"还是有显著成效的，但反观净利润指标和净利率指标时，我们发现科大讯飞仍然存在增收不增利的问题，科大讯飞从 2014 年至 2018 年净利率直线下降，虽然 2019 年净利率较前两年有所增加，但是仍然处于 10% 以下的水平。净利率从 2014 年的 21.88% 下降到 2019 年的 9.36%，下降幅度高达 57.22%。

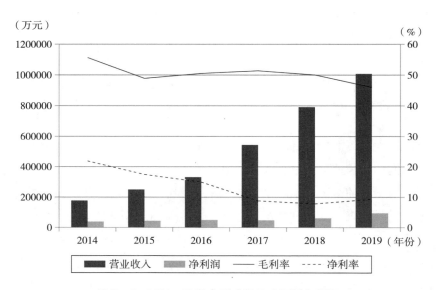

图 9-4　2014~2019 年科大讯飞主要财务指标

资料来源：科大讯飞 2014~2019 年年报。

在营业收入快速增长的背景下，其利润只降不升的主要原因可以在当期费用中窥见端倪。从表 9 - 1 中可以看出，科大讯飞在近六年间，销售费用和管理费用大幅增长，2014 年的销售费用和管理费用甚至不足 2019 年的零头部分（由于科大讯飞 2017 年之前都将研发费用列入管理费用的下设明细中，为了更好地进行数据对比分析，在统计 2018 年、2019 年管理费用时，将 2018 年、2019 年年报中的管理费用和研发费用的统计数列入表 9 - 2 中）。该部分的大幅上涨，成为拖累当期利润的主要因素。

表 9 - 2　　　　　　　2014 ~ 2019 年科大讯飞当期费用　　　　单位：万元

项目	2014 年	2015 年	2016 年	2017 年	2018 年	2019 年
销售费用	24008.41	37546.58	64874.18	111133.72	172588.70	178015.61
管理费用	45547.26	56533.01	72945.42	117661.15	188643.26	234625.25

资料来源：科大讯飞 2014 ~ 2019 年年报。

根据科大讯飞年报中的表述，2018 年销售费用发生额较上期增长 55.30%，主要是公司为扩大业务规模、增加业务储备而发生的职工薪酬、广告宣传费、外包服务费用等费用增加较大所致，可见 BAT 等公司涉足软件开发行业，的确给企业带来了巨大的压力。同时，管理费用 2019 年的大幅增加，主要为本期公司管理人员增加，各项费用相应增加，以及本期自主开发无形资产计提摊销金额较大所致，也就是之前年度科大讯飞的资本化率较高造成的。前期研发投入资本化虽然提升了之前年度的公司利润、增加无形资产，使得企业"虚胖"，但后期的无形资产大额摊销降低了以后年度的利润水平，也就是"寅吃卯粮"的后果。

9.1.3　支撑净利润半壁江山的政府补助

自金融危机以后，为了支持地区经济的快速发展，我国政府发放的补助金额大幅上升。政府补助作为企业从政府无偿取得的货币性资产或非货币性资产，根据 2017 年度新颁布的《企业会计准则第 17 号——政府补助》相关规定，如果公司采用总额法对政府补助进行会计处理，应当将本年度分摊的政府补助金额记入"其他收益"和"营业外收入"科目当中。会计准则修改之前，政府补助只影响企业的利润总额和净利润；准则修改之后，则影响企业的营业利润、利润总额和净利润。

科大讯飞作为 A 股市场的科技龙头，企业收到的政府补助金额一直保持着较高的水平，虽然政府补助可以促进企业的实质性创新，但是过高的政府补助金额同样也会让投资者等质疑企业的"利润含金量"，甚至可能起到了扭亏为盈的作用。

从图 9-5 中可以看出，科大讯飞在近六年内净利润除 2017 年以外，都保持持续上涨的态势，同时在 2014~2017 年，科大讯飞政府补助金额占净利润的比重平均达到35%左右，在 2018 年和 2019 年又有了突飞猛进的提升，达到78.74%，相比 2017 年翻了一倍之多。根据图 9-5 可以看出，科大讯飞的净利润增减变动与当期计入损益的政府补助的增减变动趋势一致，身披高科技外衣的科大讯飞对政府补助的依赖水平越来越高，2019 年近八成的净利润都来自政府补助，产品创造的利润占比较低。

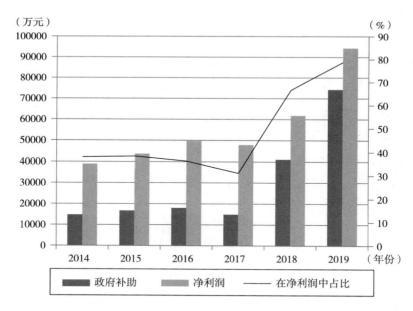

图 9-5　2014~2019 年科大讯飞政府补助的数据分析

资料来源：科大讯飞 2014~2019 年年报。

根据图 9-5 的数据显示，2017 年公司净利润有所下降，主要原因是 2017

年计入当期损益的政府补助金额大幅下降导致的。但是当年公司记入"递延收益"科目中的政府补助金额明显增加，记入"递延收益"中的政府补助余额约为 1.03 亿元，而 2016 年该科目余额却仅约为 0.5 亿元，增幅达到 105% 左右。将政府补助金额列支在"递延收益"中，将其暂且计入报表的负债，在未来年度内还可以慢慢转换成企业的利润。

根据粗略统计，截至 2018 年，科大讯飞从 2008 年上市以来净利润约为 32.63 亿元，其中政府补助金额约为 13.83 亿元，占比超过 42.38%。可见近十年来，科大讯飞均存在业绩依赖政府补助的情况，政府补助多次拯救公司于亏损边缘。由图 9-5 可以看出，科大讯飞在 2019 年政府补助大幅增加，占比创下历史新高，达到 78.74%。科大讯飞对于高额政府补助的解释是，公司所获得的政府补助主要是政府和行业主管部门为落实国家产业发展战略，向公司拨付的基础研究经费或重点项目专项经费。但是，这笔政府补助在其他方面的收支进行冲抵之后，最终都被计入了科大讯飞的净利润中，会对财务报表中的净利润构成较大影响，如果没有政府补助的支撑，可能公司的财务状况并不理想。根据市场上总体情况来看，政府补助占比太高并不利于企业自身创新能力的发展，一旦政府不再向这些企业发放政府补助或者政府补助的金额突然骤降，企业的正常经营就会变得异常困难，更甚者会出现净利润亏损的情况。

近三年研发投入达到 50.83 亿元的三六零，同为软件开发行业，不仅将研发支出全部费用化，并且在 2018 年政府补助计入当期损益中的金额占净利润的比重仅为 12.03%，科大讯飞 2018 年却是它的 5.5 倍。因此，对于科大讯飞而言，增强自身产品的利润创造能力是必须要解决的问题，只有实现创新投入和创新产出的良性循环，企业才能稳步、健康发展。

9.1.4　小结

科大讯飞发布 2021 年中期业绩公告指出，2021 年上半年科大讯飞营收 63.19 亿元，同比增长 45.28%，净利润 4.19 亿元，同比增长 62.12%，扣非后净利润 2.09 亿元，同比增长 2720.80%，基本每股收益也较上年同期增长 58.33%。公司上半年研发投入 12.25 亿元，同比增长 27.36%。自 2021 年一季度实现扭亏为盈后，科大讯飞在各条业务线上都延续了增长的步伐，伴随人工智能技术优势的发展，公司盈利能力持续提升。从 2008 年的 0.7 亿元增长至 2020 年的 13.64 亿元，上市 12 年，科大讯飞净利润增长超 18 倍。可见，虽然在公司成长阶段，各种投资活动较高比例依靠政府补助资金的扶持，但是当公司逐步形成创新投入和产出的良性循环时，可以快速步入成熟发展之路，此时政府补助已不再是公司保持盈利的主要力量。因此，政府补助确实是推动公司发展壮大必不可少的强劲动力，能够为全社会的创新发展起到引领作用。

9.2 老牌冶炼企业——株冶集团

9.2.1 公司简介和股权结构

株洲冶炼集团股份有限公司（以下简称株冶集团）由 1956 年建厂的株洲冶炼厂改制而成，2000 年 12 月，株洲冶炼厂的分公司湖南火炬有色金属有限公司改制为湖南株冶火炬金属股份有限公司，并在湖南省工商行政管理局登记注册。2004 年 8 月 30 日，经中国证券监督管理委员会核准，湖南株冶火炬金属股份有限公司的股票在上海证券交易所上市流通，股票代码为 600961。2007 年 3 月 20 日，湖南株冶火炬金属股份有限公司名称变更为株洲冶炼集团股份有限公司。

株冶集团在 2012 年正式归入中国五矿集团，并将公司地址设在中国"有色金属之乡"的湖南省株洲市，拥有员工 4778 人。公司主要生产铅、锌及其合金产品，并综合回收铜、金、银、铋、镉、铟、碲等多种稀贵金属和硫酸。铅锌产品年生产能力达到 65 万吨，其中铅为 10 万吨，锌为 55 万吨，生产系统有价金属综合回收率居全国同行业领先水平。公司先后通过 ISO9001 质量体系、ISO14001 国际环境管理体系和 OHSMS18001 职业健康安全体系，是中国铅锌业首家通过三大管理体系认证的企业。公司"火炬"牌铅锭、锌锭、银锭先后在伦敦金属交易所和上海期货交易所认证注册，"火炬"牌商标获中国驰名商标称号，多次荣获"全国用户满意企业"称号。公司是国家级高新技术企业、国家第一批循环经济试点和"两型建设"试点企业。

从图 9-6 株冶集团的控股结构情况来看，株冶集团最终的实际控制人是中国五矿集团有限公司，中国五矿集团有限公司由国务院国有资产监督管理委员会 100% 控股，这也表明株冶集团实际上是一家由国家控制的国有企业。国有企业的身份也为株冶集团获得大额政府补助提供了便利。

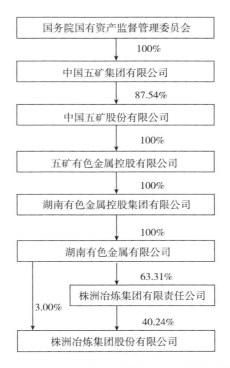

图 9 - 6　2019 年株洲冶炼集团实际控股结构

资料来源：株冶集团 2019 年年报。

9.2.2　公司业绩表现

1. 株冶集团 2014 年"摘星"脱帽过程

2013 年，株冶集团因其 2011 年度、2012 年度连续两年经审计的年度净利润为负数，根据上交所《股票上市规则》的相关规定，株冶集团股票被实施退市风险警示。株冶集团 2013 年 3 月 12 日发布了《关于股票被实施退市风险警示的公告》，公司股票简称由"株冶集团"变更为"*ST 株冶"，这是株冶集团自 2004 年上市以来第一次因经营业绩不佳而被戴上"*ST"的帽子。

表 9 - 3 列示了株冶集团 2009～2013 年的盈利情况。由表 9 - 3 中数据可以看出，株冶集团在 2010 年经营利润就出现了亏损的情况，为 - 1111.24 万

元，较 2009 年减少了 8342.74 万元，下降 115.37%。但是依靠其 2010 年获得的 3525.80 万元政府补助，勉强使当年净利润达到 1806.98 万元。2011 年株冶集团的营业利润出现了大跳水情况，营业利润为 - 60785.74 万元，较上年减少了 59674.50 万元，这主要是因为 2011 年有色金属市场巨幅波动，公司铅锌产品价差缩小，成本上升，毛利减少，同时株冶集团在 2011 年计提了 31350.31 万元的资产减值损失，而当年株冶集团只获得了 1377.76 万元的政府补助额度，不足以弥补营业利润的亏损，2011 年的净利润才出现大跳水。而且在株冶集团出现大额亏损情况之前，公司 2009 年和 2010 年的每股收益分别为 0.13 元/股和 0.03 元/股，只是略高于 0，2010 年扣除非经常损益后的每股收益更是为 - 0.05 元/股，这也证明株冶集团早在 2011 年之前就出现了亏损的情况，公司的营业利润并没有达到能使公司盈利的水平。

表 9 - 3　　　　　　　　2009～2013 年株冶集团利润情况　　　　　单位：万元

项目	2009 年	2010 年	2011 年	2012 年	2013 年
营业利润	7231.50	- 1111.24	- 60785.74	- 62966.85	- 19464.32
净利润	6995.20	1806.98	- 59235.53	- 61984.42	2321.44
每股收益（元/股）	0.13	0.03	- 1.12	- 1.18	0.04
扣除非经常损益后的每股收益（元/股）	0.17	- 0.05	- 1.24	- 1.30	- 0.61
政府补助	1332.93	3525.80	1377.76	3211.21	17195.55
扣除政府补助后净利润	5662.27	- 1718.82	- 60613.29	- 65195.63	- 14874.11

资料来源：株冶集团 2009～2013 年年报。

就在株冶集团面临退市危机的 2013 年，公司的经营情况有所好转。2013 年的自营贸易收入增长，并采取了现货远期合约和期货、现货套期保值方式，有效规避了市场价格波动风险。但使净利润一举由负转正的根本原因，是其当年获得了 17195.55 万元的政府补助。2013 年公司扣除政府补助后的净利润依然为 - 14874.11 万元，扣除非经常损益后的每股收益为 - 0.61 元/股，这就证明了株冶集团之所可以在 2014 年 3 月 6 日脱帽保壳，主要依靠的就是大额的政府补助，而非其营收能力的提高。

2. 株冶集团 2014～2019 年经营情况

株冶集团 2014 年凭借 2013 年公司获得的 1.7 亿元政府补助，成功"脱星"摘帽，保住了上市公司的壳。但也是因为这次保壳的关键是大额政府补助，而不是公司自身营业能力的提高，这导致了株冶集团在 2011 年以来有色金属市场的大幅度波动中并没有足够的能力维持公司的持续盈利和发展，其 2014～2019 年的经营业绩表现并不好（见表 9-4），依旧是依靠政府补助来维持其上市公司的地位，尤其是 2015 年有色金属市场动荡最严重的一年，公司的净利润较上一年度减少了 59623.39 万元。

表 9-4　　　　　　　　　2014～2019 年株冶集团利润情况　　　　　单位：万元

项目	2014 年	2015 年	2016 年	2017 年	2018 年	2019 年
营业利润	-7227.30	-66850.69	-2609.15	6653.43	-166481.09	12975.66
净利润	3983.18	-60460.50	2070.31	5821.83	-163181.87	9456.27
每股收益（元/股）	0.08	-1.15	0.04	0.11	-3.09	0.01
扣除非经常损益后的每股收益（元/股）	-0.24	-1.36	0.17	0.07	-1.88	-0.24
政府补助	4525.57	2859.07	2801.57	8926.14	46399.00	4717.05
扣除政府补助后净利润	-542.39	-63319.57	-731.26	-3104.31	-209580.87	4739.22

资料来源：株冶集团 2014～2019 年年报。

由表 9-4 可以看出，自 2014 年 3 月株冶集团摘帽至 2019 年，其盈利情况依然较差，6 年间只有 2017 年和 2019 年的营业利润为正，其余 4 年均为负。在扣除当年所获得的政府补助后，除 2019 年外其余 5 年的净利润均为负。尤其是有色金属市场动荡最严重的 2015 年，株冶集团当年的营业利润为 -66850.69 万元，较上年减少 59623.39 万元，扣除政府补助后的净利润为 -63319.57 万元，较上一年减少 62777.18 万元。观察 2014～2019 年的每股收益情况，2014 年、2016 年、2017 年、2019 年四年的每股收益虽为正，但只是略高于 0。扣除非经常损益后的每股收益情况更差，只有 2016 年、2017 年为正，分别为 0.17 元/股和 0.07 元/股，2018 年扣除非经常损益后的每股收益更低至 -1.88 元/股。这也说明，株冶集团即使保住了上市公司的壳，但其营业水平并没有显著地提高，在有色金属市场低迷、国家环保水平要求越来越高的情况下，株冶集团并不具有良好的长期盈利和发展水平。

2018 年株冶集团根据国务院办公厅《关于推进城区老工业区搬迁改造的

指导意见》及所在地省市政府要求，在 2018 年 12 月 31 日前关停原在株洲地区清水塘的生产线，并将土地交付给株洲市土地储备中心，株洲市土地储备中心支付给株冶集团 13 亿元资产收储补偿费。因整体拆迁，株洲市政府明确仅就土地及附着物进行补偿。2018 年株冶集团计提机器设备等固定资产减值准备合计 136800 万元，对 2018 年的净利润产生了巨大影响，使得 2018 年株冶集团的净利润降至 - 163181.87 万元，较上一年度减少 169003.70 万元。与此同时，株冶集团在 2018 年收到了株洲市财政局下发的 4 亿元专项资金用于株冶集团清水塘产能退出。

9.2.3　政府补助对株冶集团的影响

1. 2014 ~ 2019 年净资产收益率分析

株冶集团是一家纯正的国有企业。一般来讲，制造业中的国有企业会比民营企业承担更多的社会责任以及主导行业发展的责任，株冶集团所处的有色金属行业恰好属于传统制造行业。公司在 2018 年响应国务院关于老工业区搬迁的要求，退出清水塘老工业区，因此在当年计提了 136800 万元减值准备，导致 2018 年的经营利润严重下滑。并且由于近年来有色金属市场的低迷和国家倡导供给侧改革要求，加之株冶集团一直以来较差的营业水平，净资产收益率的数据表现更加糟糕。

通过图 9 - 7 可以看到，相比于变动水平较为平稳的平均资产总额，株冶集团的净利润和营业收入呈现出下滑的经营态势，而观察株冶集团的资产负债率情况，则发现公司的资产负债率维持在一个较高的水平上，基本在 90% 以上。通常情况下，资产负债率的提高会相应提高其净资产收益率，但株冶集团过高的资产负债率并没有带来相应营业收入和净利润的增长，也没有提高公司的净资产收益率，大量的举债没有使公司的活力增强，还减少了公司所有者的投资收益。再观察株冶集团的净资产收益率情况，由于 2015 年和 2018 年的经营净利润为负，导致该年的净资产收益率为负，且由于 2018 年的净利润过低及其当年的资产负债率较上年有所下降的原因，导致 2018 年的净资产收益率低至 -27.75%，处于行业倒数。株冶集团的自有资本不能带来相应净收益，公司只能从其他方面，例如政府的支持来维持自身的持续经营发展。

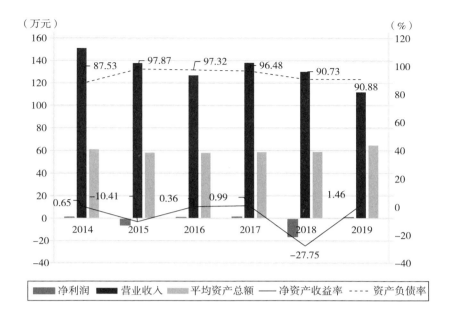

图 9 - 7　2014～2019 年度株冶集团净资产收益率变化情况

资料来源：株冶集团 2014～2019 年年报。

2. 2014～2019 年政府补助对经营业绩的影响

2014 年株冶集团借助政府补助以及处置部分资产（出售所持西部矿业股票增加利润约 1 亿元，转让株冶集团科技园的土地增加利润约 4900 万元）获得的利润保住了上市公司的壳，避免被强制退市，但是其营业水平从根本上并没有得到提升。2014～2019 年的 6 年间，只有 2017 年和 2019 年的营业利润为正。且这 6 年间除了 2019 年扣除政府补助后的净利润为 4739.22 万元外，其余 5 年扣除政府补助后的净利润均为负值，这也能说明株冶集团获得的政府补助是维持企业经营的重要因素，对公司的经营业绩影响巨大。

从图 9 - 8 可以看出，株冶集团这 6 年间的经营业绩情况较差，总体波动剧烈且亏损较为严重。2014 年、2016 年、2017 年株冶集团所获得的政府补助金额超过了当年的净利润，是政府补助帮助公司业绩由负转正。株冶集团利用大额的政府补助，使得公司的净利润情况有所好转，企业不至于连年亏损而再被戴上"ST"的帽子。即使各级政府为了保住株冶集团，每年给予其大量政府补助，但仍有亏损金额过大、无法弥补的情况。比如 2015 年和 2018 年，株冶集团分别获得 2859 万元和 46000 万元政府补助，但由于其当年的净利润为负值，所以出现了政府补助占净利润比重为负的现象。而在株冶集团经营情况最差的 2018 年，即使当年获得了 46000 万元的政府补助，但由于其 2018 年的净利润达到了其史上最低 – 163200 万元，仍然是无力回天。

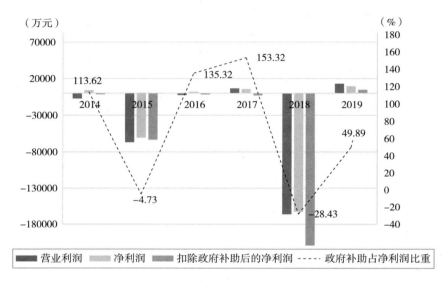

图 9 – 8 2014～2019 年株冶集团政府补助对经营业绩影响

资料来源：株冶集团 2014～2019 年年报。

3. 政府补助对净利润增长率的影响

铅锌产品是国民经济发展的基础工业产品，在国民经济中占有重要地位。近年来，国内通过去产能、去杠杆等多项供给侧结构性改革工作，积极推动大型企业、国有企业兼并重组、转型升级。铅锌行业受此影响，逐步向绿色、环保、循环经济等方向发展，粗放式冶炼产能受到限制。随着冶炼产能的缩减和后期原料供应的逐步缓解，铅锌行业的利润有望由矿山端向冶炼端转移。预计未来铅锌行业的环保监管力度依旧不减，在一段时间内，铅锌矿原料供应紧张仍将持续，铅锌金属价格维持高位震荡，株冶集团没有原料自给，原料价格增长对公司运营影响较大。另外公司的生产要素成本（特别是电力和运输成本）

相较于其他区域同类企业没有优势，并且公司的资产负债率较高，公司的盈利能力不强。

株冶集团每年的净利润情况变化较大，2015 年和 2018 年净利润均有大幅度下滑现象，尤其是 2018 年，当年净利润下降至 −163181.87 万元。在 2014 ~ 2019 年这 6 年期间内，2014 ~ 2018 年扣除政府补助后的净利润均为负值，只有 2019 年的净利润为正 4739.22 万元。株冶集团依靠每年政府给予的大量的政府补助，勉强维持其净利润保持正值。由于株冶集团 2015 年的净利润较上一年度减少了 64443.68 万元，所以其 2015 年的净利润增长率低至 −1617.90%，在这之后两年公司的净利润情况有所好转，2017 年的净利润增长率年达到 6 年期间最大值 181.21%。但由于 2018 年株冶集团因清水塘搬迁项目计提了 136800 万元的资产减值准备，净利润跳崖式下跌，导致 2018 年的净利润增长率跌至 −2902.93%。

正常情况下，扣除政府补助后的净利润增长率走势应该与公司的净利润增长率走势基本一致，但是因株冶集团的经营业绩受政府补助的影响较大，其扣除政府补助后的净利润增长率极不稳定。2015 年和 2018 年的扣除政府补助后的净利润增长率之所以分别达到了 11574.18% 和 6651.29%，是因为 2014 年和 2017 年扣除政府补助后的净利润为负值，且 2015 年和 2018 年扣除政府补助后的净利润大幅度下跌，两年数值相减计算出的绝对值较大，导致计算出的增长率出现的数值过大。由此可见，政府补助虽然帮助公司缓解了一时之需，但是并没有在根本上转变经营颓势。

9.2.4　小结

根据 2020 年 4 月 26 日株冶集团发布的《株洲冶炼集团股份有限公司 2019 年年度报告》显示，2019 年公司组织架构发生重大变更，公司上下按照新的经营模式，顺应市场，统筹资源，强化调度，实现了购销两端与水口山锌项目产能同步爬坡，有序清理处置了清水塘物料，公司的生产经营效益稳步提升。2019 年株冶集团的年度经营业绩较上一年度相比，实现了扭亏为盈，实现对归属于上市公司股东的净利润 7743.98 万元。株冶集团上一年度归属于上市公司股东的净利润为 −163181.87 万元，2019 年净利润增长额达到 170925.85 万元。其中，本期业绩得到增长的主要原因除了整体经营形势向好外、生产经营总体稳定外，还有一项重要原因是株冶集团 2019 年积极争取相关优惠政策，收到了搬迁财政补助资金 4000 万元和城镇土地使用税和房产税退税 1775 万元。

在株冶集团的经营历史中，我们一直能看到政府补助的身影。可以说在株冶集团的每一个重要经营节点上，政府补助都在扮演一个非常重要的角色。无论是 2013 年公司依靠政府补助扭亏为盈、保壳脱帽，还是依靠政府补助维持来公司日常经营，政府补助都至关重要。2018 年由于国家的老工业区搬迁政策要求，株冶集团当年的经营业绩受到了很大程度的影响。2019 年得益于锌冶炼企业盈利状况好转，及环保和原料供给压力有所缓解，公司的营业利润较上年有所提升。但预计在未来一段时间内，国外锌精矿产量将有所减少，并且受到疫情影响，公司下游消费端钢铁出口将有所下降，公司能否在未来创造新的增长空间，更多取决于公司战略规划和运营能力的提升。

政府对于传统制造业的补助一般基于多重考虑，既要结合当前经济状况，也要综合考虑社会环境等因素，并结合企业自身特点，进行综合平衡。因此，不能仅从对企业利润的影响单一方面判断利弊。但是，从企业自身角度出发，毕竟政府补助只能解燃眉之急，不能长期依靠，企业自身转型突破才是根本之道。株冶集团所代表的一批中国传统制造业企业，面对着各种经营困境和发展局限，但最终只能凭借自身经营水平的不断提高或者经营、投资策略的调整，通过不断地实验、探寻，从而找到适合自身正常、良好的发展路径。这样，政府补助也才能帮助企业从"输血"转变为"造血"。

第10章
研究结论与建议

政府补助作为国家宏观调控的方式之一，为改善国家基础设施建设与区域建设做出了重大贡献。我国政府补助总额从 2012 年的 1038.09 亿元上升到 2018 年的 2322.94 亿元，获得政府补助的上市公司数量从 2012 年的 2384 家上升到 2018 年的 3233 家，后者占比高达 90.28%。从整体上看，政府补助的普及面越来越广，支持力度也逐步增加，对全社会发展的政策引领作用不断增强。那么，政府补助资金对企业究竟带来了哪些具体影响，是否提升了企业的经营业绩，对内部投资和外部投资带来何种影响，企业的创新活动是否能提高资金的使用效率，这些问题即本书研究的核心内容。

1. 研究发现

（1）政府补助能够提升公司财务绩效和市场价值，但同时，与公司管理成本相关的高管薪酬和高管经费支出也有所增加。

（2）采用动态视角检验发现，政府补助与公司费用黏性有着较强的正相关关系，代理问题确实会随着政府补助的增加导致费用黏性的增加，而较强的公司治理环境会弱化由于政府补助导致的代理问题对于费用黏性水平的影响。

（3）在对盈余管理问题更深入的研究中发现：政府补助与应计盈余管理水平呈显著正相关关系，与真实盈余管理不相关；信息技术与医药上市公司作为研发支出较高的行业代表，也呈现出此特征，并且在信息技术行业中，管理层倾向于使用研发支出资本化方式进行盈余管理，而在医药类上市公司中，此行为不显著。

（4）政府补助对内部投资的影响随着企业生命周期的变化而变化，其中仅在成长期政府补助与投资冗余存在一定关系，其他阶段关系均不显著。政府补助对代理成本的影响随企业生命周期的发展先降后升，且在任何一个阶段均具有显著的正向关系。研究结果表明，政府补助对内部投资的影响不是静止的，代理成本同样随着企业生命周期动态变化。

（5）上市公司获得政府补助与管理层做出的并购决策并无显著相关关系，且管理层信心对二者关系也没有影响；但是，公司获得的政府补助与并购规模呈显著正相关关系；而且，上市公司虽然倾向于通过获取政府补助开展并购，但是并购后公司的业绩表现并不理想。

（6）政府补助与产能利用率虽然呈负相关，但公司创新活动在政府补助与产能利用率之间起正向调节作用，即公司创新行为在一定程度上会提高补助资金的使用效率。

（7）对于高技术企业而言，成长期需要大量的资金投入，利润创造能力相对变现较慢，此时政府补助能够发挥一定的帮扶作用，甚至可能是至关重要的支撑力量，如果能够实现良性循环，那么政府补助资金的初衷就能够实现。对于面临生存危机的企业而言，政府补助只能缓解一时燃眉之急，不能解决根本问题，特别是对于国家产业政策和宏观经济环境调整的阶段，产业升级是必然选择，地方政府应该采用更加多元化的方式引导企业转换经营模式，结合企业自身特点寻找转型之路。

2. 启示与建议

（1）更加关注补助的示范引领性作用。政府对符合国家相关政策的企业进行补助是必要的，但经常性的政府补助可能会增加代理问题，导致企业效率下降、股东利益受损等，这不利于企业的持续经营和长远发展。因此，为了提高社会资源的配置效率，政府发挥作用的空间应该控制在市场准则允许的范围内，遵循市场规律，通过市场配置社会资源，特别是地方政府要有国家全局观念，着力引导企业创新投资，规范落实企业的自主投资选择权，使政府补助对企业产生积极影响。努力为企业构建并维持公平、公正、公开的外部市场环境，这样才能真正推动企业和资本市场的发展。

（2）严格把控并加强企业获取政府补助后的监管。中央和地方两级政府要建立严格的审核机制，规范补助的范围，保证补助的公平。杜绝不合理的政府补助和软约束政府补助，同时要按照明确的法律法规执行，信息公开透明化，从源头上规范补助的使用，加紧对资金流向的监控及投资的外部控制，维护社会的整体利益和长远利益，保护中小投资者权益。同时也要强化媒体等外界对政府补助决策的监督，将补助放在阳光下，保证资源公正、公平分配，提高资源配置效率。

（3）政府应重视企业创新补助。创新能够促进企业转型升级，在一定程度上提高产能利用率，政府的补助项目不应仅仅是产能补助，更应重视科技补助。自主创新可以多在个层面提高企业的整体实力，无论是产品创新还是技术创新、流程创新等都会在一定程度上提高其产能利用率，增强企业核心竞争力。不论是中央政府还是地方政府，特别是地方政府，应采取更多样化的方式进行创新过程补助，对于创新项目的不同阶段进行有效评估，给予同步支持，加强过程管理。

（4）加强公司治理机制的有效性。从公司内部治理角度看，有效的权力约束与制衡机制以及多元化是限制管理层权力、提高治理效率的有力保障。只有在管理层权利与道德风险间找到平衡点，管理效率才能得到有效提升。确定合理的董事会规模有利于董事成员专业决策能力的充分发挥；高质高效地召开董事会会议能够全面分析公司的经营状况以及做出合理的决策；董事长和 CEO 两职分离的模式设置需酌情设计，而不必刻意模仿，因为两职分离虽然可以发挥董事会对管理层的监督和制衡作用，但也会由于信息不对称导致的代理成本增加，决策效率降低；真正发挥独立董事自身的专业能力和素养，为公司治理效率的提高起到积极作用。在监督政府补助使用效率时，还要对公司所处的发展阶段进行识别，动态调整公司治理机制。

（5）建立健全管理层薪酬激励机制设计。管理层的薪酬一般与公司的经营绩效直接挂钩，并且表现为短期激励强而长期激励弱，这很容易导致管理层的机会主义行为。为缓解该现象，越来越多的公司开始采用股权激励的薪酬模式，试图确保管理层与公司的长期利益相一致，这种薪酬激励设计可以在一定程度上减少管理层的短视行为。因此，避免薪酬与财务业绩的单纯挂钩，建立更多维的薪酬评价体系，才能从源头上改变管理层行为，充分发挥薪酬与考核委员会的作用。公司应同时考虑基于会计收入和费用支出的绩效评估系统，设计制约合同以减轻管理层不当行为造成的成本费用黏性，以有效引导管理层的投资行为和成本费用管理行为，创造公司长期价值增资。值得注意的是，随着公司的不断发展和行业环境的变化，激励和约束机制也要随之进行更新，否则其对管理层的激励和约束效果会随着机制的惯性而呈现效用递减趋势。

（6）完善上市公司的财务制度是降低高管盈余调节的必要方式。适度的盈余管理并非不可取，但过度的盈余管理会造成财务信息不真实，偏离实际情况。因此，这就对审计、财务人员提出了更高的要求，要具备极好的专业素养，能够准确鉴别公司盈余管理行为。对触碰法律的行为应及时发现、给予严惩，维护市场秩序。建议通过内部监督和外部审计、监管使公司的财务行为更加透明，审计师应多关注盈余管理行为，降低管理层对财务业绩的调节空间，这不仅能够有效保障公司业绩回归真实，降低管理者不当行为发生，也是对全体股东利益的有效保障。

参考文献

［1］白雪洁，于志强．资源配置、技术创新效率与新兴产业环节性产能过剩——基于中国光伏行业的实证分析［J］．当代财经，2018（1）：88 - 98.

［2］庇古．福利经济学［M］．上海：上海财经大学出版社，2009.

［3］步丹璐，郁智．政府补助给了谁：分布特征实证分析——基于2007～2010年中国上市公司的相关数据［J］．财政研究，2012（8）：58 - 63.

［4］步丹璐，王晓艳．政府补助、软约束与薪酬差距［J］．南开管理评论，2014（2）：23 - 33.

［5］步丹璐，狄灵瑜．治理环境、股权投资与政府补助［J］．金融研究，2017（10）：193 - 206.

［6］步丹璐，屠长文，石翔燕．政府竞争、股权投资与政府补助［J］．会计研究，2018（4）：52 - 57.

［7］陈冬华，陈信元，万华林．国有企业中的薪酬管制与在职消费［J］．经济研究，2005（2）：92 - 101.

［8］陈冬华，梁上坤，蒋德权．不同市场化进程下高管激励契约的成本与选择：货币薪酬与在职消费［J］．会计研究，2010（11）：56 - 64.

［9］陈冬华，梁上坤．在职消费、股权制衡及其经济后果——来自中国上市公司的经验证据［J］．上海立信会计学院学报，2010（1）：19 - 27.

［10］陈仕华，姜广省，卢昌崇．董事联结、目标公司选择与并购绩效——基于并购双方之间信息不对称的研究视角［J］．管理世界，2013（12）：117 - 132.

［11］陈晓，李静．地方政府财政行为在提升上市公司业绩中的作用探析［J］．会计研究，2001（12）：20 - 28.

［12］淳伟德．高管多度自信是否更倾向于企业规模扩张［J］．软科学，

2011 (12): 25 - 12.

　　[13] 党印. 公司治理中的代理成本问题研究综述 [J]. 中南财经政法大学学报, 2011 (4): 3 - 9.

　　[14] 高宏伟. 政府补贴对大型国有企业研发的挤出效应研究 [J]. 中国科技论坛, 2011 (8): 15 - 20.

　　[15] 方红星, 金玉娜. 公司治理、内部控制与非效率投资: 理论分析与经验证据 [J]. 会计研究, 2013 (7): 63 - 69.

　　[16] 范方志, 张耿庆. 中国技术创新政府干预的理论依据 [J]. 统计研究, 2004 (11): 60 - 61.

　　[17] 顾群, 翟淑萍. 融资约束、代理成本与企业创新效率——来自上市高新技术企业的经验证据 [J]. 经济与管理研究, 2012 (5): 73 - 80.

　　[18] 郭剑花, 杜兴强. 政治联系、预算软约束与政府补助的配置效率——基于中国民营上市公司的经验研究 [J]. 金融研究, 2011 (2): 114 - 128.

　　[19] 韩国高, 高铁梅, 王立国, 齐鹰飞, 王晓姝. 中国制造业产能过剩的测度、波动及成因研究 [J]. 经济研究, 2011 (12): 18 - 31.

　　[20] 何红渠, 刘家祯. 产权性质、政府补助与企业盈利能力——基于机械、设备及仪表上市企业的实证检验 [J]. 中南大学学报社会科学版, 2016 (2): 76 - 83.

　　[21] 河源, 白莹, 文翘. 财政补贴、税收与公司投资行为 [J]. 财经问题研究, 2006 (6): 54 - 58.

　　[22] 侯巧铭, 宋力, 蒋亚朋. 管理者过度自信度量方法的比较与创新 [J]. 财经问题研究, 2015 (7): 58 - 65.

　　[23] 侯巧铭, 宋力, 蒋亚朋. 管理者行为、企业生命周期与非效率投资 [J]. 会计研究, 2017 (3): 61 - 67.

　　[24] 胡晓光. 公司治理、代理成本与企业投资羊群行为 [J]. 会计之友, 2018 (6): 62 - 65.

　　[25] 黄梅, 夏新平. 操纵性应计利润模型检测盈余管理能力的实证分析 [J]. 南开管理评论, 2009 (5): 136 - 143.

　　[26] 黄翔, 黄鹏翔. 政府补助企业的主要动机研究——基于我国 A 股上市公司面板数据的实证检验 [J]. 西部论坛, 2017 (3): 106 - 116.

［27］江飞涛，曹建海．市场失灵还是体制扭曲——重复建设形成机理研究中的争论、缺陷与新进展［J］．中国工业经济，2009（1）：53－64．

［28］江飞涛，耿强，吕大国，李晓萍．地区竞争、体制扭曲与产能过剩的形成机理［J］．中国工业经济，2012（6）：44－56．

［29］姜宁，黄万．政府补贴对企业 R&D 投入的影响——基于我国高技术产业的实证研究［J］．科学学与科学技术管理，2010，31（7）：28－33．

［30］姜付秀，张敏，陆正飞，陈才东．管理者过度自信、企业扩张与财务困境［J］．经济研究，2009（1）：131－143．

［31］姜付秀，黄磊，张敏．产品市场竞争、公司治理与代理成本［J］．世界经济，2009（10）：46－59．

［32］蒋艳，田坤儒．国有控股上市公司内部特征、政府补助与会计稳健性［J］．审计与经济研究，2013（1）：77－86．

［33］约瑟夫·熊彼特．经济发展理论［M］．商务印书馆，2019（5）．

［34］姜玲．政治地理、融资成本与企业扩张——基于中国上市公司地区政治能量指数的研究［D］．厦门：厦门大学，2014．

［35］孔东民，李天赏．政府补贴是否提升了公司绩效与社会责任?［J］．证券市场导报，2014（6）：26－31．

［36］罗明琦．企业产权、代理成本与企业投资效率——基于中国上市公司的经验证据［J］．中国软科学，2014（7）：172－184．

［37］雷鹏，梁彤缨，陈修德，冯莉．融资约束视角下政府补助对企业研发效率的影响研究［J］．软科学，2015（3）：38－42．

［38］李云鹤，李湛．管理者代理行为、公司过度投资与公司治理——基于企业生命周期视角的实证研究［J］．会计与财务管理，2012（7）：117－131．

［39］李健，杨蓓蓓，潘镇．政府补助、股权集中度与企业创新可持续性［J］．中国软科学，2016（6）：180－192．

［40］李善民，陈文婷．企业并购决策中管理者过度自信的实证研究［J］．中山大学学报，2010（5）：193－201．

［41］李海涵．政府支持对企业环保投入的影响研究——基于资源型企业的经验证据［D］．内蒙古：内蒙古大学，2015．

［42］李粮，赵息．公司高管乐观预期对费用粘性的影响研究［J］．北京

理工大学学报（社会科学版），2013（6）：64-69.

［43］李寿喜．产权、代理成本和代理效率［J］．经济研究，2007（1）：102-113.

［44］李秀峰．管理者过度自信对企业规模扩张影响的实证研究——以房地产行业为例［D］．北京：对外经济贸易大学，2016.

［45］李万福，杜静，张怀．创新补助究竟有没有激励企业创新自主投资——来自中国上市公司的新证据［J］．金融研究，2017（10）：130-45.

［46］李曜，宋贺．风险投资支持的上市公司并购绩效及其影响机制研究［J］．会计研究，2017（6）：60-66.

［47］林毅夫，李志赟．政策性负担、道德风险与预算软约束［J］．经济研究，2004（2）：17-27.

［48］林毅夫，巫和懋，邢亦青．"潮涌现象"与产能过剩的形成机制［J］．经济研究，2010（10）：4-19.

［49］刘楠，杜跃平．政府补贴方式选择对企业研发创新的激励效应研究［J］．科技进步与对策，2005，22（11）：18-19.

［50］刘虹，肖美凤，唐清泉．R&D补贴对企业R&D支出的激励与挤出效应——基于中国上市公司数据的实证分析［J］．经济管理，2012（8）：19-28.

［51］刘奕，林轶琼．地方政府补贴、资本价格扭曲与产能过剩［J］．财经问题研究，2018（11）：34-41.

［52］刘银国，张琛．自由现金流与在职消费——基于所有制和公司治理的实证研究［J］．管理评论，2012（10）：18-25.

［53］刘银国，张琛．自由现金流的代理成本效应检验：基于在职消费视角［J］．经济管理，2012（11）：125-132.

［54］刘银国，焦健，张琛．股利政策、自由现金流与过度投资——基于公司治理机制的考察［J］．南开管理评论，2015（4）：139-150.

［55］卢锐，魏明海，黎文靖．管理层权力、在职消费与产权效率——来自中国上市公司的证据［J］．南开管理评论，2008（5）：85-92.

［56］吕久琴．政府补助影响因素的行业和企业特征［J］．上海管理科学，2010（4）：104-110.

［57］马慧敏．高管薪酬业绩敏感性对政治关联作用发挥的影响——基于中国上市民营企业的经验数据［D］．大连：东北财经大学，2013．

［58］马歇尔．经济学原理［M］．北京：商务印书馆，1964．

［59］毛逸菲．政府补贴对战略性新兴产业企业进入的影响研究［D］．南京：南京大学，2016．

［60］穆林娟，张妍，刘海霞．管理者行为、公司治理与费用粘性分析［J］．北京工商大学学报（社会科学版），2013（1）：75－81．

［61］欧阳煌，祝鹏飞，张政．地方政府补助与上市公司选址的关系研究［J］．中国软科学，2016（4）：184－192．

［62］潘红波，余明桂．目标公司会计质量、产权性质与并购绩效［J］．金融研究，2014（7）：140－153．

［63］潘越，戴亦一，李财喜．政治关联与财务困境公司的政府补助［J］．南开管理评论，2009（5）：6－17．

［64］邱世池．我国政府补助动机的研究［D］．西南财经大学，2014．

［65］权小峰，吴世农，文芳．管理层权利、私有收益与薪酬操纵——来自中国国有上市企业的实证证据［J］．经济研究，2010，45（11）：73－87．

［66］饶育蕾，王建新．CEO 过度自信、董事会结构与公司业绩的实证研究［J］．管理科学，2010（10）：2－13．

［67］邵敏，包群．地方政府补贴企业行为分析：扶持强者还是保护弱者？［J］．世界经济文汇，2011（1）：56－72．

［68］孙璞，尹小平．政府科技补贴能通过企业科技创新改善产能过剩吗？——基于新能源产业与汽车产业对比研究［J］．华东经济管理，2016（10）：101－106．

［69］孙巍，尚阳，刘林．工业过剩生产能力与经济波动之间的相关性研究［J］．工业技术经济，2008（6）：117－121．

［70］孙巍，李何，王文成．产能利用与固定资产投资关系的面板数据协整研究——基于制造业 28 个行业样本［J］．经济管理，2009（3）：38－43．

［71］孙铮，刘浩．中国上市公司费用"粘性"行为研究［J］．经济研究，2004（12）：26－34．

［72］沈利生．我国潜在经济增长率变动趋势估计［J］．数量经济技术经

济研究，1999（12）：3 - 6.

［73］沈欣蓓. 管理者过度自信、企业扩张与财务困境的实证研究［D］. 南昌大学，2018.

［74］申香华. 成长空间、盈亏状况与营利性组织财政补贴绩效——基于 2003 ~ 2006 年河南省和江苏省上市公司的比较研究［J］. 财贸经济，2010（9）：64 - 69.

［75］申香华. 营利性组织财政补贴的成长性倾向及其反哺效应——基于 2003 年 ~ 2006 年河南省上市公司的研究［J］. 经济经纬，2010（5）：115 - 119.

［76］时磊. 资本市场扭曲与产能过剩：微观企业的证据［J］. 财贸研究，2013（5）：1 - 8.

［77］史永东，朱广印. 管理者过度自信与企业并购行为的实证研究［J］. 金融评论，2010（2）：73 - 83.

［78］宋晓华，蒋雨晗. 公众公司、公司规模与并购绩效——基于中国上市公司数据的实证分析［J］. 管理世界，2016（8）：182 - 183.

［79］唐清泉，罗党论. 政府补贴动机及其效果的实证研究——来自中国上市公司的经验证据［J］. 金融研究，2007（6）：149 - 164.

［80］唐雪松，周晓苏，马如静. 上市公司过度投资行为及其制约机制的实证研究［J］. 会计研究，2007（7）：44 - 52.

［81］佟爱琴，李雨佳，杨柳. 政府干预、管理层自利与国企过度投资［J］. 南京审计学院学报，2006（1）：77 - 85.

［82］童锦治，刘诗源，林志帆. 财政补贴、生命周期和企业研发创新［J］. 财政研究，2018（4）：33 - 47.

［83］万寿义，王红军. 管理层自利、董事会治理与费用粘性——来自中国制造业上市公司的经验证据［J］. 经济与管理，2011（3）：26 - 32.

［84］王红建，李青原，邢斐. 金融危机、政府补贴与盈余操纵——来自中国上市公司的经验证据［J］. 管理世界，2014（7）：157 - 167.

［85］王辉，张月友. 战略性新兴产业存在产能过剩吗——以中国光伏产业为例［J］. 产业经济研究，2015（1）：61 - 80.

［86］王克敏，刘静，李晓溪. 产业政策、政府支持与公司投资效率研究

［J］．管理世界，2017（3）：113 – 124．

　　［87］王凤翔，陈柳钦．地方政府为本地竞争性企业提供财政补贴的理性思考［J］．经济研究参考，2006（33）：18 – 23．

　　［88］王薇，艾华．政府补助、研发投入与企业全要素生产率——基于创业板上市公司的实证研究［J］．中南财经政法大学学报，2018（5）：88 – 96．

　　［89］王明虎，席彦群．产权治理、自由现金流量和企业费用粘性［J］．商业经济与管理，2011（9）：68 – 73．

　　［90］王一卉．政府补贴、研发投入与企业创新绩效——基于所有制、企业经验与地区差异的研究［J］．经济问题探索，2013（7）：138 – 143．

　　［91］王曾，符国群，黄丹阳，汪剑峰．国有企业 CEO"政治晋升"与"在职消费"关系研究［J］．管理世界，2014（5）：157 – 171．

　　［92］魏志华，吴育辉，曾爱民．寻租、财政补贴与公司成长［J］．经济管理，2015（1）：1 – 11．

　　［93］温湖炜．研发投入、创新方式与产能过剩——来自制造业的实证依据［J］．南京财经大学学报，2017（4）：8 – 17．

　　［94］温忠麟，侯杰泰，张雷．调节效应与中介效应的比较和应用［J］．心理学报，2005，37（2）：268 – 274．

　　［95］吴春雅，吴照云．政府补贴、过度投资与新能源产能过剩——以光伏和风能上市企业为例［J］．云南社会科学，2015（2）：59 – 63．

　　［96］吴婷婷．产业政策与上市公司政府补助的影响及经济后果研究［D］．安徽工业大学，2013．

　　［97］夏申．论战略性贸易政策（上）［J］．国际贸易问题，1995（8）：34 – 39．

　　［98］夏晓华，史宇鹏，尹志锋．产能过剩与企业多维创新能力［J］．经济管理，2016（10）：25 – 39．

　　［99］肖明，李海涛．管理层能力对企业并购的影响研究［J］．管理世界，2017（6）：184 – 185．

　　［100］谢获宝，惠丽丽．代理问题、公司治理与企业成本粘性——来自我国制造业企业的经验证据［J］．组织与战略管理，2014（26）：142 – 159．

　　［101］谢志华，董昊明，王慧美，张耀元．并购市场时机、管理层过度

自信与并购绩效［J］．财会月刊，2017（9）：3－8.

［102］许罡，朱卫东．管理当局、研发支出资本化选择与盈余管理动机——基于新无形资产准则研发阶段划分的实证研究［J］．科技政策与管理，2010（9）：39－44.

［103］许罡．企业研发支出资本化和费用化的价值研究［J］．统计与决策，2011（12）：176－178.

［104］许罡．政府补助与公司投资行为——基于中国上市公司的数据［J］．南京审计学院学报，2014（6）：11－19.

［105］姚珊珊．政府补助与企业财务困境恢复——基于ST上市公司"摘帽"的实证分析［J］．经济研究参考，2015（68）：69－76.

［106］臧志彭．政府补助、公司性质与文化产业就业——基于161家文化上市公司面板数据的分析［J］．中国人口科学，2014（5）：57－66.

［107］翟爱梅，张晓娇．管理者过度自信与企业并购决策及企业绩效之关系［J］．天津财经大学学报，2012（10）：102－114.

［108］张洪辉，王宗军．政府干预、政府目标与国有上市公司的过度投资［J］．南开管理评论，2010（3）：101－108.

［109］张洪辉．财政补贴的行业特征：来自上市公司的经验证据［J］．中央财经大学学报，2014（10）：3－9.

［110］张继袖，陆宇建．控股股东、政府补助与盈余质量［J］．财经问题研究，2007（4）：41－47.

［111］张克丹．我国上市公司高管人员过度自信对企业投资决策的影响研究［D］．吉林大学，2011.

［112］赵书新，欧国立．信息不对称条件下财政支持环保产业的效果与策略［J］．郑州大学学报（哲学社会科学版），2009（4）：144－146.

［113］郑春美，李佩．政府补助与税收优惠对企业创新绩效的影响——基于创业板高新技术企业的实证研究［J］．科技进步与对策，2015（16）：83－87.

［114］郑书耀．社会认可、政府补贴与促进准公共物品私人供给［J］．湖北经济学院学报，2009（3）：90－93.

［115］周霞．我国上市公司的政府补助绩效评价——基于企业生命周期

的视角 [J]. 当代财经, 2014 (2): 40 - 49.

[116] 朱磊, 于伟洋. 董事会治理、CEO 过度自信与我国企业并购决策 [J]. 山东财经大学学报, 2015 (1): 107 - 115.

[117] 邹彩芬, 许家林, 王雅鹏. 政府财税补贴政策对农业上市公司绩效影响实证分析 [J]. 产业经济研究, 2006 (3): 53 - 59.

[118] 邹彩芬, 张惠, 李静. 政府补助的动机、实质及其影响因素研究——基于传统与新兴产业的对比分析 [J]. 中国注册会计师, 2014 (2): 58 - 64.

[119] Anderson M. C., Banker R. D., Janakiraman S. N. Are Selling, General, and Administrative Costs "Sticky"? [J]. *Journal of Accounting Research*, 2003, 41 (1): 47 - 63.

[120] Anania G., Bohman M., Carter C. A. U. S. Export Subsidies in Wheat: Strategic Trade Policy or An Expensive Beggar-My-Neighbor Tactic? [J]. *Colin Carter*, 1991.

[121] Ang J., Cole R. A., Lin J. W. Agency Costs and Ownership Structure [J]. *The Journal of Finance*, 2000, 2 (1): 81 - 109.

[122] Ankarhern, M., Daunfeldt, S-O, Quorehi, S., Rudholm, N. Do Regional Investment Grants Improve Firm Performance? Evidence from Sweden [J]. *Technology and Investment*, 2010, 1 (3): 221 - 227.

[123] Banker R. D., Johnston H. H. An Empirical Study of Cost Drivers in the US Airline Industry [J]. *The Accounting Review*, 1993, 68 (3): 576 - 601.

[124] Bernini C., Pellegrini G. How Are Growth and Productivity in Private Firms Affected by Public Subsidy? Evidence from A Regional Policy [J]. *Regional Science and Urban Economics*, 2011, 41: 253 - 265.

[125] Billett M. T., Qian Y. M. Are Overconfident CEOs Born or Made? Evidence of Self-attribution Bias from Frequent Acquirers [J]. *Management Science*, 2008, (54): 1037 - 1051.

[126] Blanchard O., Shleifer A. Federalism with and without Political Centralization: China Versus Russia [J]. *IMF Economic Review*, 2001, 48 (1): 171 - 179.

[127] Brown, Rayna, Neal Sarma. CEO Overconfidence, CEO Dominance

and Corporate Acquisitions [J]. *Journal of Economics and Business*, 2007 (59): 358 – 379.

[128] Clausen T. H. Do Subsidies Have Positive Impacts on R&D and Innovation Activities at the Firm Level? [J]. *Structural Change & Economic Dynamics*, 2009, 20 (4): 239 – 253.

[129] Chen C. X., Lu H., Sougiannis T. The Agency Problem, Corporate Governance, and the Asymmetrical Behavior of Selling, General, and Administrative Costs [J]. *Contemporary Accounting Research*, 2012 (1).

[130] Copeland T., Roller T., Murrin J. How to Value A Multinational Business [J]. *Planning Review*, 1990, 18 (3): 16 – 41.

[131] Cooper R., Kaplan R. Cost and Effect-Using Integrated Cost Systems to Drive Profitability and Performance [M]. *Harvard Business School Press*, Boston, 1998a.

[132] Cooper R., Kaplan R. The Design of Cost Management Systems-Text and Cases [M]. *Prentice Hall Inc.* New Jersey, 1998b.

[133] Czarnitzki D., Toole A. A. Business R&D and the Interplay of R&D Subsidies and Product Market Uncertainty [J]. *Review of Industrial Organization*, 2007, 31 (3): 169 – 181.

[134] D'aspremont C., Jacquemin A. Cooperative and Non-cooperative R&D in Duopoly with Spillovers [J]. *American Economic Review*, 1988, 78: 1133 – 1137.

[135] Dechow P. M., Skinner D. J. Earnings Management: Reconciling the Veiw of Accounting Academics. Practitioners and Regulators [J]. *Accounting Horizons*, 2000, 14 (2): 235 – 250.

[136] Dickinson V. Cash Flow Patterns as a Proxy for Firm Life Cycle [J]. *Accounting Review*, 2011, 86: 1969 – 1994.

[137] Doukas John A., Dimitris Petmezas. Acquisitions, Overconfident Managers and Self-Attribution Bias [J]. *European Financial Management Association*, Madrid, Spain, 2006.

[138] Gonz Lez X, PAZ, C. Do Public Subsidies Stimulate Private R&D Spending? [J]. *Research Policy*, 2008, 37 (3): 371 – 389.

［139］ Guellec D. The Impact of Public R&D Expenditure on Business R&D ［J］. *Economics of Innovation & New Technology*, 2000, 12 (3): 225 – 243.

［140］ Harris, R. Trainor, M. Capital Subsidies and Their Impact on Total Factor Productivity: Firm-level Evidence from Northern Ireland ［J］. *Journal of Regional Science*, 2005, 45 (1): 49 – 74.

［141］ Hayward L. A. M. , Donald C. Hambrick. Explaining the Premiums Paid for Large Acquisitions: Evidence of CEO Hubris ［J］. *Administrative Science Quarterly*, 1997 (42): 103 – 127.

［142］ Hamilton C. Public Subsidies to Industry : the Case of Sweden and Its Shipbuilding Industry ［M］. *World Bank*, 1983.

［143］ Harris R. I. D. The Employment Creation Effects of Factor Subsidies: Some Estimates for Northern Ireland Manufacturing Industry, 1955 – 1983 ［J］. *Journal of Regional Science*, 1991, 31 (1): 49 – 64.

［144］ Jaffe A. Building Program Evaluation into the Design of Public Research Support Programs ［J］. *Oxford Review of Economic Policy*, 2000, 18 (1): 22 – 34.

［145］ Jensen M. C. , Meckling W. H. Theory of the Firm: Managerial Behavior, Agency Costs and Ownership Structure ［J］. *Journal of Financial Economics*, 1976, 3 (4): 305 – 360.

［146］ Jensen M. C. Agency Costs of Free Cash Flow, Corporate Finance, and Takeovers ［J］. *The American Economic Review*, 1986, 76 (2): 323 – 329.

［147］ Johanson L. Production Functions and the Concept of Capacity ［M］. *University of Oslo, Institute of Economics*, 1968.

［148］ Kirkley J. et al. Capacity and Capacity Utilization in Common-pool Resource Industries ［J］. *Environmental and Resource Economics*, 2002, 22 (1).

［149］ Landry, S. The Effect of Management Incentives and Cross-Listing Status on the Accounting Treatment of R&D Spending ［C］. *The* 2003 *Annual Conference CGAA Counting Research Centre*, 2002: 49 – 73.

［150］ Lin Y, S. Hu, M. Chen. Managerial Optimism and Corporate Investment: Some Empirical Evidence from Tai-wan ［J］. *Pacific-Basin Finance Journal*, 2005 (5): 523 – 546.

[151] Link A. N. , Scott, J. T. Private Investor Participation and Commercialization Rates for Government-sponsored Research and Development: Would a Prediction Market Improve the Performance of the SBIR Programme? [J]. *Economic*, 2009, 76 (302): 264 – 281.

[152] Malmendier U. , G. Tate. CEO Overconfidence and Corporate Investment [J]. *Journal of Finance*, 2005 (60): 2661 – 2700.

[153] Malmendier U. , G. Tate. Who Makes Acquisitions? CEO Overconfidence and the Market's Reaction [J]. *Journal of Finance Economics*, 2008 (89): 20 – 43.

[154] Masulis R. , Wang C. , Xie F. Corporate Governance and Acquirer Returns [J]. *The Journal of Finance*, 2007, 62 (4): 1851 – 1889.

[155] Morrison C. J. Primal and Dual Capacity Utilization: An Application to Productivity Measurement in the US Automobile Industry [J]. *Journal of Business & Economic Statistics*, 1985, 3 (4): 312 – 324.

[156] Mirrlees J. A. An Exploration in the Theory of Optimum Income Taxation [J]. *The Review of Economic Studies*, 1971, 38, (2): 175 – 208.

[157] Paul M. Romer. Endogenous Technological Change [J]. *Journal of Political Economy*, 1990, 98 (5): 71 – 102.

[158] Pulapre Balakrishnan, Measuring Productivity in Manufacturing Sector [J]. *Economic and Political Weekly*, 2004, 39 (14/15) : 1465 – 1471.

[159] Richard Harris, Jim Taylor. The Measurement of Capacity Utilization [J]. *Applied Economics*, 1985, 17 (5): 849 – 866.

[160] Richard Roll. The Hubris Hypothesis of Corporate Takeovers [J]. *The Journal of Business*, 1986, 59 (2): 197 – 216.

[161] Richardson S. Over-investment of Free Cash Flow [J]. *Review of Accounting Studies*, 2006, 11 (2 – 3): 159 – 189.

[162] Roberts R. D. Financing Public Goods [J]. *Journal of Political Economy*, 1987, 95 (2): 420 – 437.

[163] Roychowdhury S. Earnings Management through Real Activities Manipulation [J]. *Journal of Accounting and Economics*, 2006 (3): 335 – 370.

[164] Spencer B. J. , Brander J. A. Strategic Trade Policy [J]. *Handbook of*

International Economics, 1995 (3): 1395 – 1455.

[165] Tzelepis D. , Skuras D. The Effects of Regional Capital Subsidies on Firm Performance: An Empirical Study [J]. *Journal of Small Business and Enterprise Development*, 2004, 11 (1): 121 – 129.

[166] Wallsten S. J. The Effects of Government-Industry R&D Programs on Private R&D: The Case of the Small Business Innovation Research Program [J]. *The RAND Journal of Economics*, 2000, 31 (1): 82.